Basic Polish

Learn Polish with minimum effort!

Basic Polish presents concise explanations of grammar with related exercises, to build confidence in using the modern language.

Assuming no previous knowledge of Polish, its step-by-step approach guarantees the reader a thorough grounding in the basics of its grammar. Each of the 40 units introduces a particular grammar point and provides a variety of exercises to enable you to practise what you have learned. Later units also reinforce material taught in earlier ones.

Features include:

- notes on the Polish alphabet, pronunciation and stress
- full key to all exercises
- Polish–English glossary

Written by an experienced language teacher and author, **Basic Polish** is the ideal introduction to the structures and expressions most widely used in spoken and written Polish.

Dana Bielec is the author of the popular *Polish: An Essential Grammar*, which is also published by Routledge.

Routledge Grammar Workbooks

Basic Polish

A Grammar and Workbook

 **Dana Bielec**

 Routledge
Taylor & Francis Group

LONDON AND NEW YORK

First published 2001 by Routledge
11 New Fetter Lane, London EC4P 4EE

Simultaneously published in the USA and Canada by Routledge
29 West 35th Street, New York, NY 10001

Reprinted 2004

Routledge is an imprint of the Taylor & Francis Group

© 2002 Dana Bielec

Typeset in 10/12 pt Sabon by Graphicraft Limited, Hong Kong
Printed and bound in Great Britain by Biddles Ltd, Guildford and King's Lynn

British Library Cataloguing in Publication Data
A catalogue record for this book is available from the British Library

Library of Congress Cataloging in Publication Data
A library record of this data has been requested

ISBN 0-415-22436-5 (hbk)
ISBN 0-415-22437-3 (pbk)

To John Moule, my wonderful best friend and constant encourager, who patted the rabbits and dreamed up the treats.

CONTENTS

Contents

Contents

Introduction

This grammar workbook is designed for English speakers. It assumes no previous knowledge of Polish and so covers, in its vocabulary and grammar, the most important areas of Polish social and cultural experience. You will easily learn the language structures and expressions most widely used in spoken and written Polish. On completion, armed only with a good basic dictionary, you will communicate effectively in the present tense with Polish speakers.

Polish is difficult for those not familiar with inflected languages. The exercises accompanying each grammar unit progress from simple to more complex. They are designed so that they can be completed successfully with a good grasp of the inherent grammar points. Each unit presents new material but also strongly reinforces that taught in previous units. Therefore, you are advised to complete Units 1 to 4, then revise Units 1 and 2; complete Units 5 and 6, revise Units 3 and 4, and so forth. By doing so, you will gain most from the cumulative and structured teaching methods applied in this book. You will build a solid foundation of basic Polish which can later be extended. Above all, by allowing time for revision, you will grow in confidence and, unhampered by incomplete learning, actually absorb new information more easily and more rapidly.

This book has no accompanying tape recordings. There are, however, enough examples of current usage in each unit for you to record them for use at your leisure. Perfect pronunciation is not critical. You will benefit immensely from hearing *yourself in your own voice* repeating the examples. To master the pronunciation of a language you must listen and repeat. Your pronunciation will, thereby, become sufficiently good for you to *enjoy* speaking the language; enjoyment itself will lead to further improvement.

A word of caution. Regional variations in vowel sounds exist in all languages, so you may not immediately understand every inhabitant of a small village or from the mountains. However, they will understand you and usually adapt their regional sounds to reflect standard pronunciation.

For a comprehensive explanation of Polish grammar see **Polish: An Essential Grammar**, also published by Routledge.

Dana Bielec, an experienced multilingual language tutor specialising in dyslexia, teaches in Nottingham.

List of abbreviations

acc.	accusative case
adj.	adjective
adv.	adverb
conj.	conjunction
dat.	dative case
dir. obj.	direct object
f./fem.	feminine gender
gen.	genitive case
imperf.	imperfective verb
indir. obj.	indirect object
inst./instr.	instrumental case
loc.	locative case
m./masc.	masculine gender
n./neut.	neuter gender
nom.	nominative case
obj.	object
perf.	perfective verb
pl.	plural
prep.	preposition
pron.	pronoun
sing.	singular
subj.	subject

Alphabet, pronunciation, stress

Alphabet

( ) marks letters imported in foreign words

a ą b c ć d e ę f g h i j k l ł m n ń o ó p (q) r s ś t u (v) w (x) y z ź ż

Pronunciation

Polish has no silent letters. All are said separately, except **ch, cz, sz, dź, dż, rz**. In a few words, like *marznąć* from *mróz*, **rz** is two separate letters.

Single vowels			Nasal vowels		
	[as in]			[as in]	
a	h*a*t	**matka, aleja**	ą	d*on*	**mąka, książka**
e	m*e*t	**tekst, jestem**	ąb, ąp	T*om*	**ząb, kąpiel**
i	f*ee*t	**blisko, ostatni**	ę	t*en*	**ręka, pięć**
o/oo	p*o*t	**Polska, zoo**	ęb, ęp	th*em*	**zęby, tępy**
u	f*oo*d	**student, ulica**	*final* ę	approx. *e*	**idę, daję**
ó	p*u*t	**góra, pokój**	*final* ię	approx. *ie*	**się, imię**
y	d*i*m	**syn, dobry**			

i plus following vowel –

softens preceding consonant and adds hint of y to it: **pies, miasto, anioł, piątek, Mariusz** [pyes, myasto, anyow, pyontek, Maryoosh]

ci, si, zi, dzi plus following vowel –

i only softens preceding consonant: **pociąg, siano, ziarno, dziadek** [pochong, shano, zeearno, jadek]

Consonants – as in English except

	[as in]			[as in]	
w	van	wino, kawa	ś, si	sheet	środa, siedem
l	last	lampa, ból	sz	show	szynka, grosz
ł	full or w	mały, Wisła	szcz	fresh	deszcz,
j	yes	jesień, jajko		cheddar	szczęście
ch	hat	chleb, chory	ść, ści	Finnish	sześć,
ń, ni	onion	Gdańsk, nikt		cheese	dwieście
c	cats	noc, cytryna	dz [not dzi]	goods	dzwon, bardzo
ć, ci	cheese	ciemno, mieć	dź, dzi	jeans	dźwig, godzina
cz	chair	czas, wieczór	dż	jam	dżem, dżinsy
ck	tsk	dziecko, grecki	ź, zi	Rhodesia	źle, zielony
			ż, rz	measure	róża, rzeka

Double vowels are said separately:

Haiti, kakao, pauza, teatr, kofeina, Teodor, muzeum, poeta, toaleta, choinka, poufny, statua, duet, truizm, uosobić.
Colloquially, ł is lost between consonants and at word end: **jabłko, pomysł.**

dż is rare, existing mostly in foreign words.

Soft consonants ć, ci, ń, ni, ś, si, ź, zi, have no direct equivalent; they are softer than the nearest English sound.

Two identical consonants together are said separately: **An-na, lek-ki.**

Knowing the following rules will help you to understand spoken and written Polish.

Voicing and devoicing of consonants

1. A voiced consonant is pronounced as its voiceless equivalent:

   (a) At the end of a word
   (b) If it stands before or after a voiceless consonant (which may be in another word). Most often occurs with **b, d, w, z.**

Voiced		Voiceless	Examples	
b	→	p	chleb [hlep]	babka [bapka]
d	→	t	naród [naroot]	od Tomka [ot Tomka]
			wódka [vootka]	
g	→	k	Bóg [Book]	
w	→	f	krew [kref]	święto [shfyento]
			wtorek [ftorek]	
z	→	s	wóz [voos]	z Piotrem [s Pyotrem]
ź	→	ś	wież [vyesh]	buźka [booshka]
dz	→	c	wódz [voots]	
dź	→	ć	chodź [hochsh]	idźcie [eechche]
ż, rz	→	sz	też [tesh]	lekarz [lekash]
dż	→	cz	bridż [brich]	

2. These voiceless consonants are voiced when in front of voiced consonants except **w** and **rz**:

Voiceless		Voiced	Examples
ś	→	ź	prośba [proźba]
cz	→	dż	liczba [lidżba]
k	→	g	także [tagże]

3

Vowel and consonant changes

1. There are two vowel pairs – ó and o; and ą and ę. These vowels often swap depending on the noun ending. An e is often lost or gained before the final consonant. These changes are pointed out in the text.

Add ending: Main vowel ó → o; main vowel ą → ę; e is lost

róg – rogi   **ząb – zęby**   **dwonek – dwonki**

Lose ending: Main vowel o → ó; main vowel ę → ą; e is gained

droga – dróg   **święto – świąt**   **matka – matek**

2. Consonant changes occur when ending e is added, mainly in the dative and locative cases. The vowels often change as above. Also, main vowel a may become e.

miasto – mieście   światło – świetle

3. Vowel i softens the preceding consonant. So, hard consonants c, n, s, z + i sound just like soft consonants ć, ń, ś and ź.

If, when adding endings, we place an i after a consonant with ´ accent, the consonant loses its accent because the i performs the required softening. Thus, Polish does not have the combinations ći, ńi, śi, śći, dźi or źi. This is most clearly seen in plurals:

Singular	Plural	Singular	Plural
miłość (love)	**miłości**	**gość** (guest)	**goście**
wieś (village)	**wsie**	**koń** (horse)	**konie**
łódź (boat)	**łodzie**	**artysta** (artist)	**artyści**

An i, placed after a consonant without ´ accent, softens the consonant which, in turn, softens the preceding consonant if that can be softened by the addition of an ´ accent. The softening effect continues backwards through the word until we reach a vowel, or a consonant which cannot take an ´ accent. This is best seen in adverbs made from adjectives, and in the comparative of adjectives and adverbs:

mężczyzna (man)	**mężczyźni** (men)	n becomes **ni**, so z becomes **ź**
wczesny (early–adj.)	**wcześnie** (early–adv.)	n becomes **ni**, so s becomes **ś**
ciasny (tight)	**ciaśniejszy** (tighter)	
jasno (brightly)	**jaśniej** (more brightly)	

Stress

1. We usually stress the second last syllable. Stress often moves to another part of the word when endings are added:

ma̱tka tele̱fon a̱dres ro̱wer *but* **na rowe̱rze, z rowera̱mi**

2. In most words ending in -ia or -io, the i is pronounced as 'y', causing the -ia or -io to become one syllable ya or yo. So, we stress the syllable before the -ia or -io:

su̱knia geogra̱fia ra̱dio

But, in words ending in -sia, -cia, -zia, -dzia the i softens the preceding letter. So, the group is pronounced as śa, ća, źa, dźa and we stress the preceding syllable:

ma̱musia Zo̱sia ba̱bcia bu̱zia Ma̱gdzia

3. We stress the third last syllable in:

(a)   Greek and Latin words: **grama̱tyka, bota̱nika.**
(b)   The four numbers: **czte̱rysta, sie̱demset, o̱siemset, dziewie̱ćset.**
(c)   Past tense verbs in the *we* and *you* (plural) parts: **by̱liśmy, czyta̱liście, by̱łyśmy, czyta̱łyście.**

4. Prepositional phrases, and **nie** and its verb, behave as one unit. We stress the preposition, or **nie**, if both it and the following word have one syllable; otherwise, the stress is as normal:

dla̱ nas   **u̱ mnie**   *but*   **obok nie̱go**

nie̱ mam   **nie̱ był**   *but*   **nie ma̱my   nie by̱ła**

Noun genders and adjective agreement

Polish has three genders: masculine, feminine and neuter. Each noun has a gender. All male persons are masculine; female persons are feminine. The gender of all other nouns, with a few exceptions, is governed by their endings.

Polish is an inflected language. Nouns, pronouns and adjectives **change their endings** to show their relationship to other words in the sentence (i.e. their *case*). So, Polish does not need the articles *a/an/the* or *some/any*. Unless needed for clarity, *my*, *your*, *his*, etc. are usually omitted too.

Mam syna. Syn jest chory.	I have a son. My son is ill.
Samochód jest drogi.	A/the/my etc. car is expensive.
Gdzie są dzieci?	Where are the/my etc. children?
Czy masz pieniądze?	Do you have the/some/any money?

Nominative (subject) case of nouns

The subject of a sentence stands in the nominative case. Dictionaries, and the vocabulary in this book, list nouns, pronouns and adjectives in their nominative case form.

In Polish, after the verbs 'be' and 'become', a <u>noun</u> (and any associated adjective), stands in the *instrumental* case (Unit 28). So:

We (nom.) are tired (nom.).

but I (nom.) am <u>a good student</u> (instr.). Jack (nom.) has become <u>a doctor</u> (instr.).

Masculine nouns in the nominative singular

These have no ending. Their stems end in a *consonant*, e.g. **stół, kot, pokój, chłopiec** (table, cat, room, boy).

A few nouns referring to males end in -a, e.g. **kolega, dentysta, mężczyzna** (friend, dentist, man). -a is a feminine ending. Such nouns behave as <u>feminine</u> in the singular but as masculine in the plural.

Feminine nouns in the nominative singular

These have the ending -a, e.g. **kobieta, ulica, Polska** (woman, street, Poland). Very few have the ending -i, e.g. **pani, gospodyni** (lady, landlady).

Exceptions: Some feminine nouns end in a consonant, e.g. **noc, część, jesień, wieś, mysz** (night, part, autumn, village, mouse). Abstract nouns ending in -ść are feminine, e.g. **miłość, ciekawość** (love, curiosity).

Neuter nouns in the nominative singular

The following endings occur:

-o   **okno, dziecko** (window, child)

-e   **życie, morze** (life, sea)

-ię   **imię, szczenię** (name, pup)

-ę   **zwierzę, niemowlę** (animal, baby)

-um   **muzeum, gimnazjum** (museum, academy).
         These never change in the singular.

Nouns in -ię and -ę do not show their stems in the nominative. For example, the stem of **imię** is **imien-** (sing.) and **imion-** (pl.); the stem of **zwierzę** is **zwierzęc-** (sing.) and **zwierzęt-** (pl.).

Nominative case (singular) of adjectives

An adjective qualifies a noun or pronoun, and agrees in gender, number and case with it. Adjectives of nationality are *not* capitalised. Adjectives *precede* the noun if they refer to an incidental feature of it. They *follow* the noun when referring to an intrinsic feature.

Mamy *biały* **samochód.**
We have a white car. [Not all cars are white]

Język *polski* **jest trudny.**
Polish is difficult. [Only one Polish language exists]

Most adjectives end in -y, -a, -e in the nominative singular.

Masculine -y	Feminine -a	Neuter -e	
duży	duża	duże	big
mały	mała	małe	little
dobry	dobra	dobre	good
zły	zła	złe	bad
dobry student	*mała* dziewczynka	*duże* okno	
a/the good student	a/the little girl	a/the big window	

Some adjectives have a **k** or **g** in the nominative singular. *k/g* never stand before *y* or *e*, except in foreign words (e.g. *kelner, geologia*). So, the -y and -e endings become -i and -ie.

Masculine -i	Feminine -a	Neuter -ie	
wysoki	wysoka	wysokie	tall, high
niski	niska	niskie	short, low
polski	polska	polskie	Polish
długi	długa	długie	long
drogi	droga	drogie	beloved, expensive
drugi	druga	drugie	second
wysoki most	*polska* pani	*długie* pole	
a/the high bridge	a/the Polish lady	a/the long field	

A few adjectives end in **-ci**, **-pi** or **-ni**. Here, all genders have an **-i** in the nominative singular.

Masculine **-i**	Feminine **-ia**	Neuter **-ie**	
głupi	głupia	głupie	stupid
tani	tania	tanie	cheap
trzeci	trzecia	trzecie	third
ostatni	ostatnia	ostatnie	last
średni	średnia	średnie	medium
trzeci dzień the third day	*głupia* kobieta a/the stupid woman	*tanie* mięso cheap meat	

Adjectives used predicatively (i.e. *not* in front of a noun) behave in the same way:

> **Płaszcz jest biały.**   The coat is white.
>
> **Książka jest tania.**   The book is cheap.
>
> **Miasto jest małe.**   The town is small.

The verb *być* (to be) (Often omitted in short questions/answers)

Note that, in all verbs, the word 'to' is contained within the infinitive.

ja	jestem	I am	my	jesteśmy	we are
ty	jesteś	you are (sing.)	wy	jesteście	you are (pl.)
on/ona/ono	jest	he/she/it is	oni/one	są	they are

Use **oni** with masc. nouns (or masc. and fem. mixed), **one** with fem. nouns (or fem. and neut. mixed).

> **Kasia *jest* mała.**   Kate is little.
>
> ***Jestem* chory.**   I am ill.

Drzewa _są_ piękne.   The trees are lovely.

Kto to? To ja.   Who's that? It is I.

Polite forms of address

Pan (to one man)   **Pani** (to one lady)   **Panienka** (to one young lady)

These forms use the _on/ona_ part of the verb:

> **Pan jest chory?/Pani jest chora?**   **Panienka jest piękna.**
> Are you ill?   You are pretty.

Panowie (to several men)   **Parstwo** (to mixed gender company)
Panie (to several ladies)   **Panienki** (to several young ladies)

These forms use the _oni/one_ form of the verb:

> **Panowie/Państwo czekają?**   **Panie/Panienki są mile.**
> Are you waiting?   You are kind.

What like?

To ask what something/someone is like, use:

Masculine **jaki?**	_Feminine_ **jaka?**	_Neuter_ **jakie?**
Jaki jest dom?	**Jaka jest pani?**	**Jakie jest dziecko?**
What's the house like?	What's the lady like?	What's the child like?

Exercise I

Correct any adjective which does not agree correctly with its noun.

1. młoda kobieta
2. piękny twarz
3. małe dziecko
4. dobre kawiarnia
5. dobry rzecz
6. małe okno
7. stary imię
8. piękna zwierzę
9. młoda pani
10. piękna wieś
11. stara dentysta
12. małe zdjęcie
13. stare muzeum
14. małe miasto
15. młody chłopiec
16. piękny noc

Exercise 2

In Col. A, link each adjective with the most suitable noun in Col. B.
Complete the question in Col. C, then answer it in Col. D.

A		B	
1.	*szeroka*	(a)	ciasto
2.	trudna	(b)	zwierzę
3.	małe	(c)	pan
4.	smaczne	(d)	pani
5.	wysoki	(e)	dzień
6.	zimna	(f)	sklep
7.	miła	(g)	*droga*
8.	duży	(h)	noc
9.	słoneczny	(i)	praca

C	D
Jak_ jest ciasto?	Ciasto jest _____
Jak_ jest zwierzę?	Zwierzę jest _____
Jak_ jest pan?	Pan jest _____
Jak_ jest pani?	Pani jest _____
Jak_ jest dzień?	Dzień jest _____
Jak_ jest sklep?	Sklep jest _____
Jaka jest droga?	Droga jest szeroka.
Jak_ jest noc?	Noc jest _____
Jak_ jest praca?	Praca jest _____

Exercise 3

Use *jest* (is) to make sentences. Replace the noun with the pronoun *on,*
ona or *ono*:

Example: pani (piękny)   *Ona* jest *piękna.*

1.	blok (wysoki)	5.	mysz (biały)
2.	miasto (stary)	6.	kraj (duży)
3.	autor (znany)	7.	dziecko (smutny)
4.	dziewczynka (ładny)	8.	mężczyzna (inteligentny)

Exercise 4

Find two adjectives which fit best in front of each noun, e.g. *małe*
głupie dziecko

małe duży   stary słodkie   młoda czerwony   ładna zimowa
cicha polska stara wesoły   drogie warszawskie   *głupie* pyszne

1. samochód   3. mieszkanie   5. pieśń   7. dziewczyna
2. pan   4. ciasto   6. noc   8. *dziecko*

Exercise 5

What are these girls saying about themselves? Follow the example.
Marysia – chudy, wysoki   *Jestem chuda i* (and) *wysoka.*

1. Ola – młody, mądry   4. Julka – miły, wesoły
2. Marta – biedny, głupi   5. Anka – bogaty, inteligentny
3. Kasia – niski, piękny   6. Anna – głodny, zmęczony

Nouns and adjectives in the plural

Masculine nouns (including animals but not men)

Notice how the last vowel ó becomes o and the last vowel ą becomes ę.
An e before the last consonant is usually lost.

Ending	When used	Examples
y	After hard consonant except **k, g**.	dom: domy kot: koty stół: stoły sklep: sklepy ząb: zęby kościół: kościoły samochód: samochody
i	After **k, g**.	bank: banki ptak: ptaki dzwonek: dzwonki róg: rogi pociąg: pociągi
e	After **j, l**.	kraj: kraje pokój: pokoje parasol: parasole hotel: hotele szpital: szpitale
	After **c, cz, sz, rz, ż, dż, dz**.	pałac: pałace tysiąc: tysiące pieniądz: pieniądze grosz: grosze nóż: noże miesiąc: miesiące talerz: talerze klucz: klucze
ie	After ´ accent (accent lost, **i** added).	koń: konie ogień: ognie tydzień: tygodnie liść: liście niedźwiedź: niedźwiedzie
	In a few nouns ending in **-b, -p**.	gołąb: gołębie karp: karpie
Example	Singular	Plural
	Kościół jest cudowny. The church is magnificent.	**Kościoły są cudowne.** The churches are magnificent.
	Hotel jest drogi. The hotel is expensive.	**Hotele są drogie.** Hotels are expensive.

Feminine nouns

Ending	When used	Examples
y	After hard stem (except **k**, **g**) + **-a**.	kobieta: kobiety szkoła: szkoły gwiazda: gwiazdy ryba: ryby siostra: siostry kiełbasa: kiełbasy
i	After **k**, **g** stem + **-a**.	matka: matki córka: córki droga: drogi Polka: Polki figa: figi *But*: ręka: ręce
	Nouns in **-ść**, and some in **-ć**, **-ń**, **-dź** (accent lost).	miłość: miłości opowieść: opowieści nić: nici pieśń: pieśni przyjaźń: przyjaźni
	Some nouns in **-l**, **-w**.	myśl: myśli brew: brwi *But*: chorągiew: chorągwie
	After **j**, **l**, often followed by **-a**.	lekcja: lekcje kolej: koleje kąpiel: kąpiele chwila: chwile aleja: aleje sala: sale
e	After consonant + **-i** (usually followed by **-a**).	babcia: babcie pani: panie kuchnia: kuchnie historia: historie gospodyni: gospodynie
	After **c**, **ca**, **cza**, **rz**, **rza**, **sza**, **ż**, **ża**, **dż**.	noc: noce ulica: ulice tęcza: tęcze burza: burze wieża: wieże podróż: podróże owca: owce róża: róże grusza: grusze
y	Nouns in **-cz**, **-sz**.	rzecz: rzeczy mysz: myszy
ie	After ´ accent (accent lost, **i** added). Vowels may change from **ó** to **o**, from **ą** to **ę**. An **e** before last consonant may be lost.	jabłoń: jabłonie łódź: łodzie gałąź: gałęzie wieś: wsie

Example	Singular	Plural
	Lekcja jest łatwa. The lesson is easy.	**Lekcje są łatwe.** The lessons are easy.
	Kiełbasa jest dobra. The sausage is good.	**Kiełbasy są dobre.** The sausages are good.

Neuter nouns

Ending	When used	Examples
a	Nouns in -o, -e, -ie, -um.	jabłko: jabłka morze: morza krzesło: krzesła pole: pola zdjęcie: zdjęcia muzeum: muzea
iona	Most nouns in -ię extend -ię to -iona.	imię: imiona ramię: ramiona But: jagnię: jagnięta źrebię: źrebięta prosię: prosięta
ęta	Nouns in -ę alone extend -ę to -ęta.	kurczę: kurczęta pisklę: pisklęta zwierzę: zwierzęta dziewczę: dziewczęta niemowlę: niemowlęta

Example	Singular	Plural
	Niemowlę jest głodne. The baby is hungry.	**Niemowlęta są głodne.** The babies are hungry.
	To jest ładne *krzesło.* That's a nice chair.	**To są ładne** *krzesła.* These are nice chairs.
	Zbych to polskie *imię.* Zbych is a Polish name.	**Polskie** *imiona* **są trudne.** Polish names are difficult.

Nouns existing only in the plural

These are items usually consisting of two or more parts:

sanie, sanki	sleigh	**nożyce/** **nożyczki**	scissors
usta	lips	**schody**	stairs
skrzypce	violin	**drzwi**	door
spodnie	trousers	**wrota**	gate
rajstopy	tights	**okulary**	spectacles
kajdany	handcuffs	**manatki**	belongings
finanse	finances	**organy**	organ
drożdże	yeast	**dzieje**	history

plecy	back	**bliźwnięta**	twins
nosze	stretcher	**rodzice**	parents
urodziny	birthday	**grabie**	rake
imieniny	name day	**wakacje/ferie/ wczasy**	holiday(s)
chrzciny	christening		

Many towns are plural: **Kielce, Katowice, Suwałki, Szamotuły, Puławy.**

Adjectives

The nominative plural of adjectives referring to masculine objects and animals (but <u>not</u> to men), and to all feminine and neuter nouns is exactly as the nominative neuter singular, i.e.

Adjective ending (Nom. sing)	Example (Nom. plural, all genders)	
-e duże okno	**małe domy** (masc.)	small houses
	młode kobiety (fem.)	young women
	duże okna (neut.)	big windows
-ie głupie dziecko	**niskie stoły** (masc.)	low tables
	drogie książki (fem.)	expensive books
	głupie dzieci (neut.)	silly children

What like?

To ask what things/people (excluding men) are like, use **jakie?**

Masculine jakie?	Feminine jakie?	Neuter jakie?
Jakie są domy?	**Jakie są panie?**	**Jakie są dzieci?**
What are the houses like?	What are the ladies like?	What are the children like?

Exercise 1

Write each noun in the plural. Does it end in *i*, *y*, or *a*?

ptak, okno, kwiat, dziewczyna, muzeum, numer, pole, telefon, droga, morze, kobieta, sklep, siostra, zdjęcie, pociąg, szkoła, jabłko, koleżanka, mieszkanie, sąsiadka

Exercise 2

Write the plurals of these feminine nouns. Then answer the question, using the adjective which fits best in its correct plural form.

1. *róża*	*róże*	Jakie są róże? Róże są *żółte.*	wąski
2. ulica	_____	_____	miły
3. aleja	_____	_____	biały
4. owca	_____	_____	szeroki
5. kuchnia	_____	_____	trudny
6. lekcja	_____	_____	zajęty
7. sala	_____	_____	*żółty*
8. babcia	_____	_____	ciepły

Exercise 3

Put these phrases into Polish. Choose the most suitable of these adjectives:

niebieskie smaczne piękne małe smutne ciemne duże krótkie polskie długie kolorowe wygodne

1.	big hats	7.	tasty fruits
2.	Polish palaces	8.	blue plates
3.	colourful umbrellas	9.	long months
4.	comfortable hotels	10.	small keys
5.	pretty countries	11.	sad faces
6.	dark nights	12.	short journeys

Exercise 4

Write the plural of each noun. Does it end in *i* or *ie*?

1. koń (m.)
2. miłość (f.)
3. jabłoń (f.)
4. liść (m.)
5. nić (f.)
6. pieśń (f.)
7. opowieść (f.)
8. ogień (m.)
9. tydzień (m.)
10. wieś (f.)
11. gałąź (f.)
12. łódź (f.)

Exercise 5

Complete the sentences, then rewrite them as negative opposites using **nie** (not).
Example:
Spodnie są czyste   One nie są brudne.
(The trousers are clean.)   (They are not dirty.)

1. Drzwi są _____ (open).
2. Skrzypce są _____ (expensive).
3. Wakacje są _____ (short).
4. Organy są _____ (new).

Exercise 6

Insert the plural of the noun, then translate the sentence.

1. niemowlę _____ The babies are tired.
2. imię _____ Polish names are difficult.
3. zwierzę _____ The animals are friendly.
4. dziewczę _____ English girls are pretty.
5. kurczę _____ Little chicks are yellow.

Plural of 'men' nouns and adjectives

Plural of nouns

The nominative plural ending for 'men' nouns is officially -i. However, because it is decided by the last consonant of the singular, more plurals actually end in -e, -y and -owie. An e before the last consonant is usually lost in the plural, e.g. *dziadek: dziadkowie*.

The endings -i and -y cause consonant changes to the plural noun (see table following). This aids pronunciation.

Ending	When used	Examples
i	Nouns ending in hard consonant other than **k, g, r**, with/without -a. The 'i' softens the consonant.	Francuz: Francuzi mężczyzna: mężczyźni chłop: chłopi Final **t, st, d, ch, ł** change. See 4–8 in table below.
owie	Titles, jobs, family members, a few nationalities, surnames (except in **-ski, -cki, -dzki**).	pan: panowie syn: synowie mąż: mężowie Belg: Belgowie profesor: profesorowie *But*: brat: bracia ksiądz: księża
	After ´ accent, ending is **-iowie**.	uczeń: uczniowie więzień: więźniowie
ie	Nationals in **-in** drop the ending.	Rosjanin: Rosjanie Amerykanin: Amerykanie
e	After **rz, sz, cz, j, l**, and ´ accent.	lekarz: lekarze złodziej: złodzieje towarzysz: towarzysze słuchacz: słuchacze nauczyciel: nauczyciele góral: górale *But*: król: królowie

Ending	When used	Examples
y	After **k, g, r**.	Final **k, g, r** change.
		See I–3 in table below.
		Note: człowiek: ludzie
	After **c, ca, iec, niec**.	kierowca: kierowcy
	Ending **iec** shortens to **cy**;	chłopiec: chłopcy
	niec to **ńcy**	sprzedawca: sprzedawcy
		Niemiec: Niemcy
		mieszkaniec: mieszkańcy

Example	Singular	Plural
	Lekarz jest dobry.	**Lekarze są dobrzy.**
	The doctor is good.	The doctors are good.
	Amerykanin jest bogaty.	**Amerykanie są bogaci.**
	The American is rich.	(The) Americans are rich.
	To jest polski uczeń.	**To są polscy uczniowie.**
	This is a Polish student.	These are Polish students.

Consonant changes caused by plural ending -i and -y

Original Consonant	Consonant + Ending =	Examples
1. **k**	**cy**	Polak: Polacy Chińczyk: Chińczycy
		Anglik: Anglicy kaleka: kalecy
2. **g**	**dzy**	Norweg: Norwedzy kolega: koledzy
3. **r**	**rzy**	inżynier: inżynierzy kelner: kelnerzy
		doktor: doktorzy
4. **t**	**ci**	student: studenci architekt: architekci
		poeta: poeci
5. **st**	**ści**	dentysta: dentyści specjalista: specjaliści
		turysta: turyści
6. **ch**	**si**	Czech: Czesi Włoch: Wlosi
7. **d**	**dzi**	sąsiad: sąsiedzi Szwed: Szwedzi
8. **ł**	**li**	diabeł: diabli

Plural of 'men' adjectives

The nominative plural of adjectives referring to men, or to mixed male/female company, ends in -i (-y after k and g). The consonant changes below also occur. Ending -oni changes to -eni.

Note that, in 'men' nouns, the nominative singular and plural of adjectives in -ni and -pi therefore become identical, e.g. *głupi syn/synowie* (stupid son/sons); *ostatni chłopiec/chłopcy* (last boy/boys)

Plural Change	Non-men	Men
de : dzi	młode	młodzi
łe : li	miłe, małe, wesołe	mili, mali, weseli
złe : źli	złe, byłe	źli, byli
ne : ni	biedne, smutne zadowol**one** zmęcz**one**	biedni, smutni zadowol**eni** zmęcz**eni**
kie : cy	polskie, wysokie brzydkie, bliskie	polscy, wysocy brzydcy, bliscy
re : rzy	dobre, stare	dobrzy, starzy
te : ci	zajęte, bogate	zajęci, bogaci
sze : si	pierwsze, lepsze	pierwsi, lepsi
że : zi	duże	duzi
we : wi	gotowe, ciekawe	gotowi, ciekawi
gie : dzy	drogie, ubogie	drodzy, ubodzy

Exercise 1

Put these (a) occupations and (b) family members into the plural

(a) malarz, poeta, fryzjer, kierowca, ogrodnik, specjalista
(b) syn, brat, ojciec, wujek, chłopiec, kolega

Exercise 2

(a) Write the correct form of the adjective for each of these nouns:

1. Dentyści   _____ (biedny).
2. Panie   _____ (chory).
3. Angielki   _____ (szczęśliwy).
4. Dziadkowie _____ (zmęczony).
5. Nauczyciele _____ (dobry).
6. Nauczycielki _____ (zajęty).
7. Panowie   _____ (smutny).
8. Turyści   _____ (głodny).

(b) Put in the correct form of the given adjective.

9. Matka i dziecko są _____ (satisfied).
10. Pan i Pani są   _____ (old).
11. Tadeusz i Maria są _____ (young).
12. Teresa i Anna są   _____ (rich).

(c) In (a) and (b) above, replace the subjects with *oni* or *one* (they) as required.

Exercise 3

Select the most suitable adjective for each noun (check the gender of the noun first).

1. dziewczynki 3. panowie 5. dziadkowie 7. babcie   9. panie
2. lekarze   4. studenci 6. lekarki   8. chłopcy 10. studentki

(a) starzy   (c) złe   (e) biedne (g) źli   (i) biedni
(b) głupie   (d) wysokie (f) wysocy (h) stare (j) głupi

Exercise 4

(a) Change these adjectives of nationality to agree with the noun *lekarze* (doctors).

1. polski   4. norweski   7. włoski   10. francuski
2. rosyjski   5. angielski 8. japoński 11. grecki
3. szkocki   6. niemiecki 9. belgijski 12. hiszpański

(b)   Can you link them to their cities?

(a)	Berlin	(d)	Rzym	(g)	Londyn	(j)	Madryt
(b)	Paryż	(e)	Tokio	(h)	Oslo	(k)	Edynburg
(c)	Warszawa	(f)	Moskwa	(i)	Ateny	(l)	Bruksela

Exercise 5

Select the correct form of the verb for these nouns or pronouns.

(a) *jestem*   (b) *jest*   (c) *jesteśmy*   (d) *jesteście*   (e) *są*

1.	my	5.	Piotr	9.	ja	13.	ludzie
2.	matka	6.	wy	10.	Magdalena	14.	one
3.	studenci	7.	oni	11.	dzieci	15.	samochód
4.	ona	8.	córki	12.	on		

Direct object (feminine and neuter)

The direct object (noun or pronoun) of a verb stands in the *accusative* case. Remnants of the accusative case remain in English pronouns, e.g. I love *him*. He saw *me*.

Feminine nouns and adjectives

In the accusative singular, nouns ending in a consonant do not change, e.g. *rzecz, podróż, noc, miłość, twarz, kolej*. In the accusative plural, all nouns and adjectives are the same as the nominative plural.

Ending	When used	Examples
Nouns (singular)		
ę	Nouns in **-a** change **-a** to **-ę**.	matka: matkę Irena: Irenę kobieta: kobietę babcia: babcię szkoła: szkołę Polska: Polskę
	Nouns in **-i** add **-ę**.	gospodyni: gospodynię *But*: pani: panią
Adjectives (singular)		
ą	All adjectives	duża: dużą piękna: piękną tania: tanią głupia: głupią polska: polską

Nominative	Accusative
Babcia jest mądra. Grandmother is clever.	**Tomek ma mądrą babcię.** Tom has a clever grandmother.

Nominative	Accusative
Torba jest **duża i tania.**	**Mam dużą tanią torbę.**
The bag is big and cheap.	I have a big cheap bag.
To są *polskie książki.*	**Mamy** *polskie książki.*
These are Polish books.	We have (some) Polish books.

Neuter nouns and adjectives

The accusative singular and plural is the same as the nominative.

Nominative	Accusative
Drzewo jest *małe* ale *piękne.*	**Mamy** *małe* ale *piękne drzewo.*
The tree is small but lovely.	We have a small but lovely tree.
Duże mieszkania są *drogie.*	**Oni mają** *duże drogie mieszkania.*
Big flats are expensive.	They have big expensive flats.

The verb *mieć* (to have)

ja	**mam**	I have	**my**	**mamy**	we have
ty	**masz**	you have (sing.)	**wy**	**macie**	you have (pl.)
on/ona/ono	**ma**	he/she/it has	**oni/one**	**mają**	they have

Use **oni** with masc. nouns (or masc. and fem. mixed), **one** with fem. nouns (or fem. and neut. mixed).

Kasia *ma* **zabawkę.**	Kate has a toy.
Mamy **piękny ogród.**	We have a nice garden.
Chłopcy *mają* **rowery.**	The boys have bikes.
Mam **córkę.**	I have a daughter.

Exercise 1

Write the correct form of the verb *mieć* for these nouns and pronouns.

1.	ojciec	5.	oni	9.	ty	13.	panie	17.	on
2.	dzieci	6.	matka	10.	koledzy	14.	ona	18.	studentki
3.	pies	7.	wy	11.	ja	15.	panowie		
4.	my	8.	one	12.	kot	16.	pani		

Exercise 2

Rewrite these sentences using the correct direct object forms of the adjective and noun.

Example: Dziecko ma (*matka, piękny*).   Dziecko ma *piękną matkę*.

1. Oni mają _____   (jajko, czekoladowy)
2. Anna ma _____   (książka, polski)
3. Wy macie _____   (nazwisko, trudny)
4. Pani ma _____   (córka, mały)
5. Ty masz _____   (suknia, zielony)
6. Ogród ma _____   (drzewo, wysoki)
7. Miasto ma _____   (rzeka, szeroki)
8. Ja mam _____   (imię, angielski)

Exercise 3

Put the italicised words into the plural.

1. Dom ma *białe okno*.
2. My mamy *smaczną kiełbasę*.
3. Ja mam *dobrą siostrę*.
4. Miasto ma *wąską ulicę*.
5. Oni mają *duże pole*.
6. Dzieci mają *trudną lekcję*.
7. Wy macie *stare mieszkanie*.
8. Matka ma *dobre dziecko*.

Exercise 4

Insert the correct form of the given adjective. Then, make the subject of the first sentence act as the object of the second sentence.

Example:
Gazeta jest *interesująca* (interesting).   Paweł ma *interesującą gazetę*.

1. Masło jest _____ (fresh).   Wy macie _____ .
2. Ciocia jest _____ (nice).   Ja mam _____ .
3. Mleko jest _____ (cheap).   Sklep ma _____ .
4. Żona jest _____ (old).   Marek ma _____ .
5. Mięso jest _____ (expensive).   Supermarket ma _____ .
6. Nauczycielki są _____ (young).   Bracia mają _____ .
7. Suknie są _____ (pink).   Dziewczęta mają _____ .

Verbs with present tense -am, -a, -ają

A conjugation is a group of verbs which form their tenses identically or similarly. In Polish, the conjugation of a verb is decided, not by its infinitive ending, but by the endings in the *I*, *he* and *they* parts of its *present tense*. As in all languages, some verbs are irregular.

In the largest Polish conjugation the infinitive ends in **-ać**. The notable present tense endings are **-am, -a, -ają**. Unusually, *mieć* (Unit 4) also belongs here.

Person	Ending	*mieszkać (live)*	
ja	*-am*	mieszk*am*	I live, am living, do live
ty	*-asz*	mieszk*asz*	
on/ona/ono	*-a*	mieszk*a*	
my	*-amy*	mieszk*amy*	
wy	*-acie*	mieszk*acie*	
oni/one	*-ają*	mieszk*ają*	

One Polish present tense translates three English present tenses, e.g. *live, am living, do live*.

Omit *nominative* case personal pronouns, unless the meaning is unclear, e.g. *My jemy jabłka* (we eat apples) could be heard as *Myjemy jabłka* (we wash apples). It is better to say *Jemy jabłka* (we eat apples) and *My myjemy jabłka* (we wash apples).

These useful verbs all behave like *mieszkać*:

czytać	to read	**kochać**	to love
odwiedzać	to visit (person)	**zwiedzać**	to visit (place)

zamykać	to close	**otwierać**	to open
pamiętać	to remember	**witać**	to greet
śpiewać	to sing	**znać**	to know

'Look alike' verbs do not always behave identically; *spać, lać, stać* become *śpię* (I sleep), *leję* (I pour) and *stoję* (I stand). Verbs in **-ować**, **-ywać, -iwać, -awać** are also in a different group (Unit 21).

Exercise 1

Put the correct part of the given verb in the gap.

1. ja _____ (śpiewać)
2. oni _____ (otwierać)
3. Kasia _____ (odwiedzać)
4. on _____ (znać)
5. ty _____ (pamiętać)
6. Joanna _____ (śpiewać)
7. my _____ (witać)
8. one _____ (kochać)
9. wy _____ (zwiedzać)
10. Piotr i Marek _____ (czytać)
11. siostra _____ (zamykać)
12. Państwo Wajda _____ (pamiętać)

Exercise 2

Find the best verb for each sentence.

(a)	**zwiedzamy**	(c)	**kocha**	(e)	**czytają**	(g)	**zna**
(b)	**otwierasz**	(d)	**śpiewają**	(f)	**zamykam**	(h)	**odwiedza**

1. Dziecko _____ matkę.
2. Maria i Julia _____ książki.
3. Ty _____ drzwi.
4. Marysia _____ babcię.
5. Dzieci _____ pieśni.
6. My _____ Polskę.
7. Ja _____ okno.
8. On _____ miasto.

Exercise 3

(a) Insert the correct part of the verb and put the direct object (italicised) into the accusative case.

(b) Then rewrite the sentences in the plural.

1. Lekarz czytać *trudna książka.*
2. Kolega zwiedzać *nowa szkoła.*
3. Ja znać *biedna sąsiadka.*
4. Ona pamiętać *stara kawiarnia.*
5. Chłopiec kochać *piękna dziewczyna.*
6. Mężczyzna odwiedzać *młoda pani.*
7. Dziecko śpiewać *polska pieśń.*
8. Ty witać *miła koleżanka.*

Direct object of masculine nouns (accusative case)

Singular nouns (with or without adjectives)

We have seen that the direct object is expressed with the accusative case. In a singular masculine 'non-alive' noun denoting an object or abstract concept, e.g. **dom, ogród, spokój** (house, garden, peace) the accusative is identical to the nominative.

Plural nouns (with or without adjectives)

A direct object which is a plural masculine 'non-alive' noun, e.g. *domy*, or a masculine 'non-men' noun denoting a living creature, e.g. *koty*, is identical to the nominative plural.

Units 8 and 9 explain the accusative singular of masculine 'alive' nouns denoting male persons or other living creatures, and the accusative plural of masculine 'men' nouns denoting male persons.

Exceptions

For unknown reasons, these groups of ordinary nouns have an accusative case which ends in -a in the singular and yet is identical to the nominative case in the plural.

1. Fruit and vegetables	**banan, pomidor**
2. Vehicles	**ford, polonez**
3. Units of currency	**dolar, funt**
4. Games and dances	**tenis, walc**
5. Cigarettes (& brands)	**papieros, (camel)**

Pomidor (nom.) **jest smaczny.**	*but*	**Jem** *pomidora.*
The tomato is nice.		I am eating a tomato.
Pomidory (nom.) **są smaczne.**	*and*	**Jem** *pomidory.*
The tomatoes are nice.		I eat tomatoes.

	non-alive	alive (non-men)	alive (men)
		Singular	
Subject	**Dom jest duży.** The house is big.	**Kot jest mały.** The cat is small.	**Lekarz jest dobry.** The doctor is good.
Dir. Obj. (Acc.)	**Mamy duży dom.** We have a big house.	See Unit 8.	
		Plural	
Subject	**Domy są duże.** The houses are big.	**Koty są małe.** The cats are small.	**Lekarze są dobrzy.** The doctors are good.
Dir. Obj. (Acc.)	**Mamy duże domy.** We have big houses.	**Mamy małe koty.** We have small cats.	See Unit 9.

An adjective always stands in the same case as the noun to which it belongs.

Watch Out! If the verb is *negative*, e.g. *I don't have a cat*, the direct object always stands in the *genitive* case (Unit 22).

Exercise I

The italicised noun is the subject of the sentence. Change it into the object as shown.

Koty są czarne. Ja . . . (kochać)   *Ja kocham czarne koty.*

1. *Dom* jest duży i piękny.   Paweł . . . (mieć)
2. *Dobre ołówki* są drogie.   Dzieci . . . (mieć)
3. *Zamek* jest stary.   My . . . (zwiedzać)
4. *Białe króliki* są miłe.   Dziecko . . . (witać)
5. To jest *hymn narodowy.*   Ludzie . . . (śpiewać)

Exercise 2

Which of these singular nouns *do not* change their form when acting as the direct object.

1. brat	5. nauczyciel	9. talerz	13. lekarz
2. samochód	6. stół	10. hotel	14. ser
3. rower	7. paszport	11. ojciec	15. kraj
4. pies	8. syn	12. pociąg	

Exercise 3

Translate into Polish. Use one of the given nouns as the direct object (italicised).

gazeta   okno   dziecko   zamek   pieśń   miasto

1. Zosia is singing *a happy song*.
2. Antek knows *the old castle*.
3. I am reading *a Polish newspaper*.
4. They are visiting *the pretty town*.
5. The boy opens *the big window*.
6. Granny visits *the poor child*.

Exercise 4

Translate. The direct object is italicised.

1. He is closing *the big windows*.
2. We love *grey rabbits*.
3. Franek remembers *the old cars*.
4. We know *the new shops*.
5. We are visiting *Granny*.
6. They read *French books*.
7. She loves *the Polish houses*.
8. He visits *German towns*.

Prepositions followed by accusative case

Some Polish verbs are always followed by a preposition and the accusative case form of nouns and pronouns, e.g. *to wait for* or *to complain about*. Here are some such verbs.

na

czekać	wait for
mieć czas	have time for
narzekać	complain about
zapraszać	invite [for/to]
patrzyć	look at

przez

iść	go through
patrzyć	look through
rozmawiać	speak via

w

grać	play [a game]

za

dziękować	thank for
przepraszać	apologise for

o

pytać	ask about
prosić	ask for

po

dzwonić	ring for
iść	go for/ fetch (on foot)
jechać	go for/ fetch (by car)

To aid pronunciation an e can be added to the prepositions **przez** and **w** before difficult consonant groups.

All the above are *-am, -a, -ają* verbs (Unit 5) with the exception of 6, of which we need only the 'I' part in this unit:

dziękować: dziękuję	**iść**: idę	**patrzyć**: patrzę
dzwonić: dzwonię	**jechać**: jadę	**prosić**: proszę

Nominative	*Accusative*
kawa (coffee)	**Mam czas *na kawę*.**
obiad (lunch)	**Dziękuję za *obiad*.**
dziewczynka (girl)	**Patrzę na *dziewczynkę*.**
pieniądze (money)	**Proszę o *pieniądze*.**

Nominative	Accusative
karty (cards)	**Grają w *karty*.**
las (forest)	**Idę przez *las*.**
urlop (holiday)	**Jadę na *urlop*.**
rynek (market place)	**Idę na *rynek*.**
korytarz (corridor)	**Idę przez *korytarz*.**
Warszawa (Warsaw)	**Jadę przez *Warszawę*.**
piłka nożna (football)	**Gramy w *piłkę nożną*.**
kłopot (trouble)	**Przepraszam za *kłopot*.**

Exercise I

Answer Yes (*Tak*) to these questions, using the 'I' or 'we' form of the verb, as appropriate.

Masz czas na kawę?   Tak, mam czas na kawę.
Czekacie na autobus?   Tak, czekamy na autobus.

1. Gracie w karty?
2. Pytasz o adres?
3. Zapraszasz na przyjęcie?
4. Narzekacie na dziecko?
5. Pytacie o drogę?
6. Grasz w piłkę nożną?

Exercise 2

Insert the correct form of the verb.

1. On _____ (narzekać) na córkę.
2. Ja _____ (przepraszać) za kłopot.
3. Chłopcy _____ (narzekać) na pogodę.
4. Ja _____ (dziękować) za wino.
5. Oni _____ (zapraszać) na herbatę.
6. Ja _____ (patrzyć) na zwierzę.
7. Wy _____ (pytać) o nauczycielkę.
8. Ja _____ (jechać) przez Kraków.

Exercise 3

Example: Marek czeka (czekać) na Annę (Anna).

1. My _____ (pytać) o _____ (siostra).
2. Wy _____ (czekać) na _____ (babcia).
3. Marysia _____ (przepraszać) za _____ (spóźnienie).
4. Nauczycielka _____ (pytać) o _____ (godzina).
5. Chłopcy _____ (grać) w _____ (piłka nożna).
6. Dziewczynka _____ (narzekać) na _____ (matka).
7. Rodzice _____ (rozmawiać) przez _____ (telefon).

Exercise 4

Translate into Polish, selecting the appropriate preposition for 'for'.

1. The boy waits for the train.
2. Marta apologises for the trouble.
3. Agata has time for coffee.
4. I am ringing for a taxi.
5. I am going for the bread.
6. I am thanking for lunch.
7. Tomek invites the girl for a party.
8. I am asking for money.

Exercise 5

Select the most suitable noun for each gap. (Feminine nouns change in the accusative case).

prezent spacer zdjęcie taksówka las gazeta pieniądze Teresa Warszawa okno

1. Idę po polską _____ .
2. Jadę przez _____ .
3. Dziękuję za ładny _____ .
4. Patrzę przez duże _____ .
5. Dzwonię po tanią _____ .
6. Proszę o _____ .
7. Patrzę na stare _____ .
8. Jadę po _____ .
9. Idę przez zielony _____ .
10. Idę na długi _____ .

Direct object (singular) of masculine 'alive' nouns

Direct object of most masculine 'alive' nouns

We have seen that the direct object is expressed with the accusative case. The direct object of masculine singular nouns denoting men and *not ending in -a* (e.g. *syn*, *dziadek*), and of nouns denoting living creatures (e.g. *kot*, *ptak*) ends in -a.

The noun often changes its original ending slightly. An e before the final consonant is often lost. Vowel ą often changes to ę, especially in single-syllable words.

Noun Ending	Becomes	Examples
Consonant other than those listed below	a	pan: pana brat: brata kelner: kelnera królik: królika Polak: Polaka sąsiad: sąsiada *Note*: mąż: męża ksiądz: księdza pies: psa
iec/ec	ca	chłopiec: chłopca ojciec: ojca
niec	ńca	siostrzeniec: siostrzeńca
ek	ka	dziadek: dziadka Janek: Janka
ier (sometimes)	ra	szwagier: szwagra *But*: inżynier: inżyniera
Soft accent (e.g. ń, ść). Accent lost, -i added.	ia	koń: konia gość: gościa

Syn [nom.] **jest wysoki. Kot** [nom.] **jest mały.**
My son [subject] is tall. The cat [subject] is small.
Mam *wysokiego* syna i małego* kota.*
I have a tall son [direct object] and a small cat [direct object].

Direct object of masculine 'men' nouns ending in -a

Masculine 'men' nouns *ending in -a* like *kolega, artysta, kierowca,* behave as feminine in the singular, so their direct object ends in -ę.

Mój dobry polski kolega [nom.] **jest chory.**
My good Polish friend [subject] is ill.

Oni znają *mojego* dobrego* polskiego* kolegę* [acc.].
They know my good Polish friend [direct object].

* The accusative (direct object form) of adjectives referring to singular masculine 'alive' nouns ends in -ego. It is the same as the genitive case which we meet in Unit 13.

Exercise 1

Write the direct object form of these nouns:

syn, młodzieniec, malarz, Anglik, dentysta, Tomek, nauczyciel, pies, kot, sprzedawca, mąż, chłopiec, gość, kolega, wujek, fryzjer, ojciec, uczeń.

Exercise 2

The direct object of **kto?** (who?) is **kogo?** (whom?). Ask questions using 'you' (singular), and answer using 'I', e.g.

Znać, nauczyciel.   *Kogo* znasz? Znam *nauczyciela.*

1. Brat, kochać.
2. Dziadek, pamiętać.
3. Mąż, kochać.
4. Kolega, odwiedzać.
5. Mężczyzna, znać.
6. Gość, witać.
7. Pies, kochać.
8. Chłopiec, odwiedzać.

Exercise 3

Rewrite, putting the italicised words into their feminine equivalents, e.g.

Czekamy na *ojca.* Czekamy na *matkę* (matka).

1. *Synowie* narzekają na *nauczyciela.* _____ narzekają na _____ .
2. *Pan* czeka na *kolegę.* _____ czeka na _____ .

3. *Wujek* narzeka na *syna*. _____ narzeka na _____ .
4. Patrzę na *brata*. Patrzę na _____ .
5. Idę po *sąsiada*. Idę po _____ .
6. Dzwonię po *lekarza*. Dzwonię po _____ .
7. *Wnuk* pyta o *dziadka*. _____ pyta o _____ .
8. *Polacy* czekają na *Anglika*. _____ czekają na _____ .

Direct object (plural) of masculine 'men' nouns

The direct object (accusative case) of masculine plural nouns denoting men (e.g. *synowie, koledzy*) usually ends in -ów, though -i and -y also occur.

The ending is added to the nominative singular (not plural) of the noun. An e before the final consonant is often lost (*dziadek: dziadków*). Nouns ending in **-in** lose this in the plural (*Amerykanin: Amerykanów*).

Ending	When used	Examples
ów	Most nouns denoting males including nouns ending in **-a**.	syn: synów ojciec: ojców Polak: Polaków chłopiec: chłopców Amerykanin: Amerykanów kolega: kolegów dentysta: dentystów
		But: mąż: mężów brat: braci ksiądz: księży człowiek: ludzi kaleka: kalek mężczyzna: mężczyzn
iów	After ´ accent except **ść**. Accent lost, **-i** added.	uczeń: uczniów więzień: więźniów
i	After **l**, **j**, **ść** (accent lost, **-i** added). **j** and **i** merge to give **i**.	gość: gości nauczyciel: nauczycieli złodziej: złodziei *But*: przyjaciel: przyjaciół
y	After **cz**, **rz**, **sz**.	lekarz: lekarzy słuchacz: słuchaczy listonosz: listonoszy żołnierz: żołnierzy

Synowie [nom.] są wysocy. Koty [nom.] są małe.
My sons [subject] are tall. The cats [subject] are small.

Mam wysokich* synów i małe koty.
I have tall sons [direct object] and small cats [direct object].

* The accusative (direct object form) of adjectives referring to plural 'men' nouns ends in **-ich** or **-ych**. It is the same as the genitive case which we meet in Unit 13.

Exercise 1

Write the direct object case of these nouns (find the nominative singular first):

profesorowie, malarze, Anglicy, koledzy, artyści, towarzysze, Rosjanie, żołnierze, nauczyciele, sklepikarze

Exercise 2

Put the given noun into the direct object case, e.g.

Anglicy (I greet).　　*Witam Anglików.*

1.	Francuzi	(they [fem.] love)
2.	lekarze	(we know)
3.	Amerykanie	(she knows)
4.	bracia	(he has)
5.	nauczyciele	(I love)
6.	studenci	(they [masc.] remember)
7.	listonosze	(I remember)
8.	inżynierzy	(you [pl.] know)
9.	przyjaciele	(you [sing.] visit)
10.	specjaliści	(we remember)

Exercise 3

Translate into Polish. Use verbs and prepositions from Unit 7.

1. Wives complain about husbands.
2. Martha is waiting for a male friend.
3. I am looking at the dog.
4. The fathers complain about the boys.
5. We are waiting for friends.
6. I'm going for [to fetch] my husband.
7. The English ladies ask about the guests.
8. I'm ringing for the doctor.
9. The little children ask about Grandfather.
10. The Polish tourists wait for the driver.

Direct object pronouns; prepositional pronouns (accusative)

Each subject pronoun (nominative case), e.g. *I*, *he*, *they*, has an equivalent for each of the grammatical cases in Polish (here *me*, *him*, *them*).

Accusative case pronouns

You know that a noun which is the **direct object** stands in the accusative case. We often replace this noun by a **direct object pronoun**.

Direct object		Direct object pronoun
We eat **bread** (masc.).	Jemy **chleb**.	Jemy **go**.
Mary loves **Mark** (masc. 'men').	Maria kocha **Marka**.	Maria **go** kocha.
She greets **the aunt** (fem.).	Wita **ciocię**.	Wita **ją**.
He loves **the child** (neut.).	Kocha **dziecko**.	Kocha **je**.
I eat **bananas** (masc.).	Jem **banany**.	Jem **je**.
I know **the boys** (masc. 'men').	Znam **chłopców**.	Znam **ich**.
You visit **the ladies** (fem.).	Odwiedzasz **panie**.	Odwiedzasz **je**.
I love **children** (neut.).	Kocham **dzieci**.	Kocham **je**.

The table of equivalents is:

	Singular					Plural			
	I	you	he	she	it	we	you	they (men)	they (non-men)
Nom.	ja	ty	on	ona	ono	my	wy	oni	one
Acc.	mię	cię	go	ją	je	nas	was	ich	je
	me	you	him	her	it	us	you	them	them

Note: *Je* means both *it* and *them*. It is also the *he/she/it* part of the verb *jeść* (to eat).

Anka *je* jabłko/gruszki. (Annie eats an apple/the pears). Anka *je je*. (Annie eats it/them).

Mię, cię, go cannot start a sentence or carry the sentence stress. In such situations use the *emphatic* forms, **mnie, ciebie, jego.**

Marek kocha **mnie** (Mark loves *me*).	*not*	Marek kocha mię.
Jego znam. (I know *him*.)	*not*	Go znam.

Accusative case prepositional pronouns

A different set of pronouns is used after accusative case prepositions (e.g. *na, do, za*). They all begin with 'n', a historical remnant (e.g. *on + jego = niego*). Only *him, her, it* and *them* exist. For other persons, use the forms shown, explained above.

	Singular					Plural			
	I	you	he	she	it	we	you	they (men)	they (non-men)
Nom.	ja	ty	on	ona	ono	my	wy	oni	one
Acc.	MNIE	CIEBIE	*niego*	*nią*	*nie*	nas	was	*nich*	*nie*
	me	you	him	her	it	us	you	them	them

Preposition plus noun	Preposition plus pronoun
Czekam na *brata*.	Czekam na *niego*.
Narzekam na *siostrę*.	Narzekam na *nią*.
Dzieci czekają na *przyjaciół*.	Dzieci czekają na *nich*.
Marta pyta o *dzieci*.	Marta pyta o *nie*.
	Ojciec narzeka na *mnie*.
	Kolega pyta o *ciebie*.

Exercise 1

Write the given word in the direct object case. Then, replace it with a direct object pronoun.

1. Antoni kocha *Martę* (Marta). Antoni *ją* kocha.
2. Marysia śpiewa (pieśń). Marysia _____ śpiewa.
3. Matka zna (nauczycielka). Matka _____ zna.
4. Ja mam (ołówek). Ja _____ mam.
5. My witamy (ciocia). My _____ witamy.
6. Ojciec otwiera (okna). Ojciec _____ otwiera.
7. Pani zamyka (drzwi). Pani _____ zamyka.
8. Ja witam (kolega). Ja _____ witam.
9. My kochamy (wujek). My _____ kochamy.
10. Dzieci pamiętają (dziadek). Dzieci _____ pamiętają.
11. Kasia czyta (gazeta). Kasia _____ czyta.
12. Babcia kocha (dziecko). Babcia _____ kocha.

Exercise 2

Put the correct pronoun in the gap. Use each given pronoun once only.

go   go   ją   je   je   ich
niego   niego   nią   nie   nie   nich

1. Halina ma siostrę. Ja _____ znam. Pytam o _____ .
2. Barbara zna Andrzeja. Ona _____ zna. Czeka na _____ .
3. Jadwiga ma dzieci. Ja _____ kocham. Pytam o _____ .
4. Tadek ma braci. On _____ nie odwiedza. Narzeka na _____ .

5. Studenci znają nauczycielki. Oni _____ znają. Narzekają na
_____ .

6. Marta kocha Łukasza. Ona _____ odwiedza. Pyta o _____ .

Exercise 3

Write the correct form of the given pronoun, e.g.

Pamiętasz (ja)? Pamiętasz *mnie*?
Czekacie na (ona)? Czekacie na *nią*?

1. Zapraszam (wy) na koncert.
2. Paweł narzeka na (oni).
3. Marysia i Ola czekają na (on).
4. Ania pyta o (ona).
5. Basia odwiedza (ona).
6. Pan i Pani Kwiecień witają (on).
7. Feliks zna (my).
8. Pamiętamy (ty).
9. Maryla kocha (ja).
10. Olek zaprasza (ty) na zabawę.

Exercise 4

Rewrite in the plural.

1. Nauczycielka narzeka na nią.
2. Chłopiec kocha mnie.
3. Czekam na ciebie.
4. Pamiętasz mnie?
5. Znam go.
6. Kolega zaprasza ją.
7. Kocham ciebie.
8. Ojciec narzeka na niego.
9. Pytam o nią.
10. Zapraszam cię na lody.

Exercise 5

Match one item from Col. 1 with one item from Col. 2 as shown.

1. Mam duże okna.
2. Kocham ciocię.
3. Czytam książkę.
4. Tadek kocha dziewczynkę.
5. Matka ma kota.
6. Mąż jest silny.
7. Piotr ma siostry.
8. *Koleżanka kocha dziecko.*

a. Czekają na niego.
b. Czeka na niego.
c. Idę po niego.
d. Dzwonię po niego.
e. *Pyta o nie.*
f. Czekam na nią.
g. Dziękuję za nią.
h. Patrzę przez nie.

9. Rodzice znają dentystę.
10. Lekarz jest dobry.
11. Sąsiedzi znają Halinę.
12. Chłopiec kocha kolegę.

i. Pytają o nią.
j. Czeka na nie.
k. Narzeka na niego.
l. Czeka na nią.

Possession (singular nouns)

In English we show possession with an *apostrophe*, e.g. the boy's book, our children's toys, or with *of*, e.g. the top of the hill. Sometimes we form a compound noun, e.g. passport number (the number of the passport). In Polish we show possession with the genitive case.

Genitive case of masculine nouns

1. The genitive singular ending of masculine nouns denoting men and *not ending in -a* (e.g. *syn*, *ojciec*), and of nouns denoting living creatures (e.g. *kot*, *ptak*), is **-a**. This is exactly as the accusative case (direct object) which you met in Unit 8.

Nominative	*Direct Object*	*Genitive*
Brat jest miły. My brother is pleasant.	**Ty znasz *brata*.** You know my brother.	**Córka *brata* jest śliczna.** My brother's daughter is beautiful.
Dziadek jest stary. Grandad is old.	**Kocham *dziadka*.** I love Grandad.	**Żona *dziadka* jest gruba.** Grandad's wife is fat.
Królik to ładne zwierzę. A rabbit is a lovely animal.	**Mam *królika*.** I have a rabbit.	**Ogon *królika* jest krótki.** My rabbit's tail is short.

2. The genitive singular ending of masculine nouns denoting *men* and *ending in -a* is either -y or -i.

Ending	When used	Examples
y	Nouns not ending in **ka, ga**.	turysta: turysty mężczyzna: mężczyzny kierowca: kierowcy
i	Nouns ending in **ka, ga**.	kolega: kolegi kaleka: kaleki

Example	Nominative	Genitive
	Mężczyzna czeka. The man is waiting.	**To jest samochód *mężczyzny.*** This is the man's car.
	***Kolega* ma dom.** My friend has a house.	**Dom kolegi jest duży.** My friend's house is big.

3. The genitive singular ending of masculine nouns *not* denoting men and animals is officially **-u**, but some nouns use **-a**. They tend to fall into the categories in List A below. Strict rules are impossible but, if in doubt, write **-u**. Good dictionaries give the genitive singular. It is best to learn it along with the noun.

Ending	When used	Examples
u	Nouns not in List A.	obiad: obiadu bank: banku sklep: sklepu dom: domu pokój: pokoju wiatr: wiatru
a	Nouns in List A. Vowels in last syllable often change from **ó** to **o** and from **ą** to **ę** especially in one-syllable nouns. Usually, **e** before last consonant is lost.	koszyk: koszyka nóż: noża palec: palca kwiatek: kwiatka ząb: zęba Kraków: Krakowa

Example	Nominative	Genitive
	To jest *Paryż.* This is Paris.	**Kościoły *Paryża* są cudowne.** The churches of Paris are magnificent.
	***Hotel* jest mały.** The hotel is small.	**Znam numer *hotelu.*** I know the telephone number of the hotel.

List A – Masculine 'non-alive' nouns taking ending -a in genitive singular

1 Fruit and vegetables, **banan**, **pomidor**
2 Vehicles, **ford**, **mercedes** (car names have no capitals).
3 Units of currency, **dolar**, **funt**, **frank**.
4 Games, **brydż**, **tenis** and dances, **krakowiak**, **walc**.
5 Cigarettes, **papieros**, **salem** (brand names have no capitals).
6 Tools/containers, **młotek**, **klucz**, **ołówek**, **talerz**.
7 Parts of the body, **nos**, **brzuch**.
8 Most Polish towns, **Wrocław**, **Szczecin**.
9 All months except February [luty]. This was originally a masculine adjective meaning 'bleak' and takes **-ego**.
10 Units of day, **dzień**, **wieczór**. *But*: The four masculine days (Unit 38) take **-u**.
11 Nouns ending in **-ek**, **-ik**, **-yk**, like **zegarek**, **słoik**, **język**. *But*: Nouns in **-ek** derived from verbs take **-u** (e.g. **majątek** from verb *mieć*).

Genitive case of feminine nouns

The ending -y

In the genitive singular, nouns not ending in -**ka** or -**ga** usually take the ending -**y**, as do nouns ending in the consonants shown below.

Ending	*When used*	*Examples*
y	After hard stems (except **k/g**) + **-a**. Same as nom. plural.	lampa: lampy szkoła: szkoły kobieta: kobiety siostra: siostry łza: łzy kiełbasa: kiełbasy
	After **c**, **ca**, **cz**, **cza**, **sz**, **sza**, **rz**, **rza**, **ż**, **ża**. Same as gen. plural.	noc: nocy ulica: ulicy tęcza: tęczy mysz: myszy twarz: twarzy burza: burzy róża: róży grusza: gruszy rzecz: rzeczy podróż: podróży
Example	*Nominative*	*Genitive*
	Siostra jest zmartwiona. My sister is worried.	**Dziecko *siostry* jest chore.** My sister's child is ill.
	Ulica nie jest długa. The street is not long.	**To jest koniec *ulicy*.** This is the end of the street.

The ending -i

In the genitive singular, nouns ending in **-ka** or **-ga** take the ending **-i**, as do nouns ending in a soft accent, e.g. **-ń** or in **-ia**. Notice the smaller odd groups of nouns also.

Ending	When used	Examples
i	After **k/g** + **-a**. Same as nom. plural.	matka: matki córka: córki droga: drogi
	After ´ accent (accent lost, **-i** added). Same as nom. plural unless that ends in **-ie**.	pieśń: pieśni nić: nici pamięć: pamięci gałąź: gałęzi łódź: łodzi miłość: miłości wieś: wsi jesień: jesieni opowieść: opowieści
	After **c, s, z, b, m, n, p, w** + **-ia**. Also after nouns in **-i**. The two **i**'s merge into one.	babcia: babci Kasia: Kasi kuchnia: kuchni Zuzia: Zuzi pani: pani *But*: Some foreign nouns in **b, m, n, p, w** + **-ia** use **-ii**, e.g. Libii, chemii, Jugosławii.
	After vowel + **-j** or **-ja**. **J** merges with **i**.	aleja: alei szyja: szyi nadzieja: nadziei kolej: kolei żmija: żmii
	Nouns in **-la, -l, -w** and foreign nouns in **-ea, -ua**.	cebula: cebuli chwila: chwili chorągiew: chorągwi krew: krwi myśl: myśli sól: soli idea: idei statua: statui
Example	Nominative	Genitive
	Matka kocha dzieci. The mother loves her children.	**Oczy matki są zielone.** The mother's eyes are green.
	To jest polska pieśń. This is a Polish song.	**Melodia pieśni jest piękna.** The melody of the song is pretty.
	Babcia ma kota. Granny has a cat.	**Kot babci jest biały.** Granny's cat is white.

3. The endings -ii and -ji

-ii occurs in nouns ending in specific consonants + -ia; -ji occurs in foreign nouns.

Ending	When used	Examples
ii	After **d, ch, f, g, k, l, r, t** + **-i** (usually followed by **-a**).	melodia: melodii Belgia: Belgii Anglia: Anglii historia: historii sympatia: sympatii
ji	Foreign words in **-cja, -sja, -zja**. **J** is kept.	telewizja: telewizji lekcja: lekcji poezja: poezji Francja: Francji stacja: stacji Szkocja: Szkocji procesja: procesji

Example	Nominative	Genitive
	Lekcja jest trudna. The lesson is difficult.	**Jest koniec *lekcji*.** It is the end of the lesson.
	Anglia to piękny kraj. England is a lovely country.	**Historia *Anglii* jest trudna.** The history of England is difficult.

Neuter nouns

The genitive singular of neuter nouns ending in -o, -ie or e ends in -a.

Ending	When used	Examples
a	Nouns in **-o, -e, -ie**. Same as nom. plural.	okno: okna jabłko: jabłka krzesło: krzesła morze: morza mieszkanie: mieszkania

Example	Nominative	Genitive
	Miasto jest stare. The town is old.	**Ulice *miasta* są wąskie.** The streets of the town are narrow.
	Dziecko narzeka na siostrę. The child complains about its sister.	**Siostra *dziecka* ma zabawkę.** The child's sister has a toy.

But nouns ending in **-ę** and **-ię** use **-ienia** and **-ęcia** in the genitive singular. Nouns ending in **-um** do not change.

Ending	When used	Examples
ienia	Most nouns in **-ię** extend **-ię** to **-ienia**.	imię: imienia ramię: ramienia *But*: jagnię: jagnięcia źrebię: źrebięcia prosię: prosięcia (young animals, by analogy with zwierzę)
ęcia	Nouns in **-ę** alone extend **-ę** to **-ęcia**.	zwierzę: zwierzęcia dziewczę: dziewczęcia

Example	Nominative	Genitive
	Niemowlę ma zabawki. The baby has some toys.	**Zabawki *niemowlęcia* są tanie.** The baby's toys are cheap.
	Prosię ma siano. The piglet has some straw.	**Siano *prosięcia* jest mokre.** The piglet's straw is wet.

Exercise 1

Write the genitive singular these masculine nouns.

1. kot (cat)
2. stół (table)
3. dzban (jug)
4. samochód (car)
5. garnek (pot)
6. baran (sheep)
7. słoik (jar)
8. chleb (bread)
9. ser (cheese)
10. obiad (lunch)
11. but (shoe)
12. kalafior (cauliflower)
13. sklep (shop)
14. dywan (carpet)
15. grzyb (mushroom)
16. ziemniak (potato)

Exercise 2

Rewrite the sentences to express possession as shown.

Brat ma (mieć) zielony samochód. Samochód *brata* jest zielony.
1. Siostra _____ (mieć) ładny dom.

2. Dziecko _____ (odwiedzać) starą babcię.
3. Ojciec _____ (mieć) małe pole.
4. Wujek _____ (kochać) stary rower.
5. Teresa _____ (czytać) trudną książkę.
6. Kot _____ (mieć) świeże mleko.
7. Antek _____ (kochać) piękną dziewczynę.
8. Kierowca _____ (mieć) nową taksówkę.

Exercise 3

Translate into Polish

1. the end of the storm
2. the start of the lesson
3. the end of the avenue
4. the start of the journey
5. the end of the song
6. the start of the holidays
7. the end of the story
8. the beginning of the melody
9. the end of the autumn

Possession (plural nouns); whose

Masculine nouns

The genitive plural of masculine nouns usually ends in -ów, though -y and -i also occur. It is made from the genitive singular, so vowel changes which occurred there (ó to o, ą to ę, and loss of e before last consonant) recur here.

You already know the genitive plural of masculine nouns denoting men (e.g. *synowie, lekarze*) because it is exactly the same as the accusative plural (Unit 9).

Ending	When used	Examples
ów	After hard consonant including **k** and **g**, and also after **c**.	bank: banków pociąg: pociągów ptak: ptaków koniec: końców chłopiec: chłopców pies: psów syn: synów zegarek: zegarków ząb: zębów
	(Note vowel changes and loss of **e**.)	stół: stołów miesiąc: miesięcy tysiąc: tysięcy pieniądz: pieniędzy samochód: samochodów
Example	Nominative	Genitive
	To są ładne *domy*. These are nice houses.	**Cena *domów* jest wysoka.** The price of the houses is high.

The ending -y and -i occurs in nouns ending in some consonants, including accented ones. See overleaf.

Ending	When used	Examples
y*	After **cz, sz, rz, ż, dż**.	klucz: kluczy kapelusz: kapeluszy talerz: talerzy grosz: groszy lekarz: lekarzy nóż: noży garaż: garaży płaszcz: płaszczy kosz: koszy
i*	After **l, j. J** merges with **i**.	hotel: hoteli parasol: parasoli pokój: pokoi nauczyciel: nauczycieli *But*: kraj: krajów
i	After ′ accent (accent lost, **-i** added).	koń: koni łabędź: łabędzi liść: liści gość: gości *But*: tydzień: tygodni ogień: ogni

Example	Nominative	Genitive
	Hotele są nowe. The hotels are new.	**Zdjęcia *hoteli* są ładne.** The photographs of the hotels are nice.

* Many alternative forms in **-ów** occur, e.g. **pokojów, hotelów, koszów, garażów**.

Feminine nouns

Most feminine nouns form their genitive plural by dropping their -a or -i ending. If the stem has one syllable, especially if it contains o or ę, a vowel change often occurs. If the stem ends in a difficult consonant group an extra e is added.

Ending	When used	Examples
—	After consonant + **a** (except nouns in **-cja, -sja, -zja**).	gwiazda: gwiazd ulica: ulic żona: żon orkiestra: orkiestr kobieta: kobiet chwila: chwil *But*: aleja: alei nadzieja: nadziei

Ending	When used	Examples
	Note vowel changes and addition of **e**.	droga: dróg głowa: głów szkoła: szkół siostra: sióstr ręka: rąk córka: córek panna: panien cegła: cegieł łza: łez
	Nouns in **-i**, **-ia** (but not **-nia** nor foreign nouns in **-ia**). **-i** is lost, accent added if possible.	gospodyni: gospodyń ziemia: ziem pani: pań ciocia: cioć babcia: babć

Example	Nominative	Genitive
	Kobiety kochają brata. The women love their brother.	**Brat kobiet jest miły.** The women's brother is kind.
	Siostry mają rower. The sisters have a bicycle.	**Rower sióstr jest nowy.** The sisters' bicycle is new.

Nouns ending in **c**, **cz**, **sz**, **rz**, **ż** (*noc, twarz, rzecz, mysz, podróż*), in **-nia** (*kuchnia, suknia*) and foreign nouns ending in -cja, -sja, -zja, -ia (*stacja, procesja, poezja, tragedia*) are easy. The genitive plural is the same as the genitive singular (Unit 11).

Therefore, to avoid confusion, alternative 'no ending' forms for **-nia** nouns now occur (*sukien, księgarń, kuchen* for *sukni, księgarni, kuchni*). **Kolor *sukni* jest piękny** could mean 'The colour of the dress is nice' *or* 'The colour of the dresses is nice'. So, the plural often becomes **Kolor *sukien* jest piękny**.

Neuter nouns

Most neuter nouns form their genitive plural by dropping their -o, -e or -ie ending. If the stem has one syllable, especially if it contains o or ę, a vowel change often occurs. If the stem ends in a difficult consonant group (e.g. -żk, -sł, -tr, -tk, -czk) an extra **e** is added.

Ending	When used	Examples
–	Nouns in **-o, -e, -ie**.	drzewo: drzew pióro: piór jezioro: jezior miasto: miast serce: serc lato: lat
	Note vowel changes and addition of **e**.	morze: mórz pole: pól słowo: słów święto: świąt okno: okien jabłko: jabłek piętro: pięter krzesło: krzeseł *But*: dziecko: dzieci (same as nom. plural).
	In nouns in **-cie** or **-nie**, loss of ending exposes soft consonants **ci, ni**. These become **ć, ń**.	zdjęcie: zdjęć mieszkanie: mieszkań śniadanie: śniadań

Example	Nominative	Genitive
	Polskie *miasta* są piękne. Polish towns are pretty.	**Historia *miast* jest ciekawa.** The history of the towns is interesting.
	***Dzieci* mają zabawki.** The children have toys.	**Zabawki *dzieci* są nowe.** The children's toys are new.

Less frequently, endings -ion or -ąt occur. Endings -i, -y and -ów are rare.

Ending	When used	Examples
ion	Most nouns in **-ię** use plural stem **-ion**.	imię: imion ramię: ramion *But*: (young animals, by analogy with zwierzę) jagnię: jagniąt źrebię: źrebiąt prosię: prosiąt
ąt	Nouns in **-ę** alone. Plural stem **-ęt** becomes **-ąt**.	dziewczę: dziewcząt zwierzę: zwierząt książę: książąt

Ending	When used	Examples
i, y	A few nouns, usually of 3 syllables, with *soft* consonant before ending.	narzędzie: narzę<u>dzi</u> wybrzeże: wybrzeży
ów	Nouns in **-um**.	muzeum: muzeów gimnazjum: gimnazjów

Example	Nominative	Genitive
	Dziewczęta mieszkają **tutaj.** The girls live here.	**Dom** *dziewcząt* jest duży. The girls' house is large.

Asking 'whose?'

Whose? is **czyj?** It agrees in number and gender with the item possessed, not with the possessor.

	Singular			Plural	
	Masc.	Fem.	Neut.	Non-men	Men
Nom.	**czyj**	**czyja**	**czyje**	**czyje**	**czyi**

Czyj dom jest stary?	Whose house is old?
To jest czyja matka?	Whose mother is that?
Czyje dziecko jest chore?	Whose child is ill?
To są czyje książki?	Whose books are these?
Czyi koledzy czekają?	Whose friends are waiting?

Exercise 1

Write the genitive singular and plural of these nouns [All end in -ka (fem.) or -ko (neut.)].

1. matka   3. lekarka   5. córka   7. nazwisko
2. wojsko   4. jabłko   6. łóżko   8. bluzka

Exercise 2

Write the genitive singular and plural of these masculine nouns.

1. wujek   2. słoik   3. kieliszek   4. patyk   5. czajnik   6. sznurek

Exercise 3

Using *czyj*, *czyja*, *czyje*, rewrite the sentences as shown. The item possessed is singular, the possessor is plural. Watch the gender.

Pokój (singular), nauczyciele (plural).   *Czyj* to jest *pokój?*
To jest *pokój nauczycieli.*

1. dom, studenci
2. zabawka, bracia
3. jedzenie, psy
4. ciocia, siostry
5. klub, Polacy
6. czasopismo, rodzice
7. autobus, turyści
8. lalka, córki
9. zdjęcie, koleżanki
10. obiad, dzieci
11. sypialnia, synowie
12. mieszkanie, panie
13. sąsiadka, koledzy
14. miasto, przyjaciele

Exercise 4

Use the vocabulary to enter your details, in English, on this form (no answers given).

Data urodzenia _____   Miejsce zamieszkania _____
Miasto urodzenia _____   Adres mieszkania/domu _____
Numer telefonu _____   Kod pocztowy miasta _____

Adres pracy _____   Zawód _____
Typ wykształcenia _____   Znajomość języków _____

Imię ojca _____   Imię matki _____
Nazwisko matki _____   Zawód męża/żony _____
Data ślubu _____   Ilość dzieci _____

Genitive case of adjectives

An adjective associated with a noun which is in the genitive case must also be in the genitive case.

Below are the genitive case endings of adjectives. Adjectives in -y, -a, -e differ from those in -i, -a, -ie (notice the i). Masculine and neuter singular are identical. The plural is identical for all genders. Consonant changes present in the nominative plural for men *do not* appear in the genitive plural (*dobrzy, polscy* but *dobrych, polskich*).

Adjectives in -y, -a, -e

	Singular Masc.	Fem.	Neut.	Plural Non-men	Men
Nom.	**dobry**	**dobra**	**dobre**	**dobre**	**dobrzy**
Gen.	-ego	-ej	-ego	-ych	-ych
	dobrego	**dobrej**	**dobrego**	**dobrych**	**dobrych**

Adjectives in -i, -a, -ie, and those few ending in -i, -ia, -ie

	Singular Masc.	Fem.	Neut.	Plural Non-men	Men
Nom.	**polski**	**polska**	**polskie**	**polskie**	**polscy**
	ostatni	**ostatnia**	**ostatnie**	**ostatnie**	**ostatni**
Gen.	-iego	-iej	-iego	-ich	-ich
	polskiego	**polskiej**	**polskiego**	**polskich**	**polskich**
	ostatniego	**ostatniej**	**ostatniego**	**ostatnich**	**ostatnich**

		Nominative	Genitive
Sing.	Masc.	dobry polski syn	dobrego polskiego syna
	Fem.	dobra polska córka	dobrej polskiej córki
	Neut	dobre polskie dziecko	dobrego polskiego dziecka
Pl.	Non-men	dobre polskie domy	dobrych polskich domów
		córki	córek
		dzieci	dzieci
	Men	dobrzy polscy synowie	synów

Example		
	Piękna pani.	**Oczy _pięknej_ pani.**
	The pretty lady.	The pretty lady's eyes.
	Bogaty syn.	**Pieniądze _bogatego_ syna.**
	My rich son.	My rich son's money.
	Małe siostry.	**Matka _małych_ sióstr.**
	Little sisters.	The little sisters' mother.
	Polscy ludzie.	**Domy _polskich_ ludzi.**
	Polish people.	Polish people's houses.

Exercise 1

Fill in the genitive cases of these adjectives.

	Sing. – Masc./Neut.	Sing. – Fem.	Plural – All genders
wesoły			
drogi			
młody			
głupi			
ciekawy			
chory			
wielki			
bogaty			
biedny			
angielski			

Exercise 2

Write the genitive singular of:

1. brytyjski chłopiec
2. miły wujek
3. mały brat
4. zmęczony pan
5. czarny pies
6. młoda matka
7. niska dziewczynka
8. ładna siostra
9. piękne zwierzę
10. niebieskie morze
11. nowe miasto
12. duże muzeum

Exercise 3

Write a sentence to link the subject and verb (Col. 1) with the most sensible object (Col. 2). Then write another sentence in which the original *object* is now the *subject*, e.g.

Młoda nauczycielka czyta
ciekawą książkę.

Stary dziadek kocha
inteligentnego wnuka.

Książka młodej
nauczycielki jest *ciekawa.*

Wnuk starego dziadka jest
inteligentny.

1. malutkie niemowlę   ma   trudne czasopismo
2. bogaty biznesmen   ma   *ciekawa książka*
3. miła babcia   kocha   siwe włosy
4. małe dziecko   ma   drogi samochód
5. *młoda nauczycielka*   *czyta*   duże mieszkanie
6. stary pan   ma   ładna suknia
7. *stary dziadek*   *kocha*   nowa zabawka
8. piękna pani   ma   niskie łóżeczko
9. biedna studentka   czyta   młoda żona
10. duża rodzina   ma   czarny kot
11. polski profesor   czyta   *inteligentny wnuk*
12. młody mąż   kocha   tania gazeta

Exercise 4

Complete the sentence giving the possessive (genitive singular) of the words in brackets, e.g.

Praca *młodego dentysty* (młody dentysta) jest trudna.

1. Rower _____ (nowy kolega) jest drogi.
2. Wóz _____ (stary kierowca) jest zielony.
3. Obraz _____ (polski artysta) jest znany.
4. Sklep _____ (bogaty sprzedawca) jest wielki.
5. Samochód _____ (włoski turysta) jest czerwony.

Exercise 5

Enter the word for *whose*? Then answer using the genitive plural of the bracketed words.

Czyj to jest autobus? To jest autobus *polskich turystów* (polscy turyści).

1. _____ to jest mieszkanie? To jest mieszkanie (polskie studentki).
2. _____ to są słowniki? To są słowniki (starzy profesorowie).
3. _____ to są zabawki? To są zabawki (młodzi bracia).
4. _____ to jest samochód? To jest samochód (dobrzy koledzy).
5. _____ to są gazety? To są gazety (angielscy nauczyciele).
6. _____ to jest czasopismo? To jest czasopismo (piękne panie).
7. _____ to jest miska? To jest miska (białe króliki).
8. _____ to są zdjęcia? To są zdjęcia (śliczne siostry).

Exercise 6

Rewrite correctly. The phrase in italics refers to 'men' (see Units 8 and 9).

1. My (czekać) na *mądrzy nauczyciele*.
2. Żona (kochać) *dobry mąż*.
3. Ja (dzwonić) po *znajomy lekarz*.
4. Paweł (witać) *miły wnuk*.
5. Ty (pytać) o *stary dziadek*.
6. Profesorowie (znać) *nowi studenci*.
7. Ja (patrzyć) na *przystojni chłopcy*.
8. Wy (pamiętać) *młodzi panowie*.
9. Marysia (narzekać) na *leniwi synowie*.
10. My (odwiedzać) *grzeczni koledzy*.

Prepositions followed by genitive case

Many prepositions *always* cause the following noun or pronoun, and any associated adjective, to change from its nominative to its genitive case form. Many of these prepositions show the *static* position of one object relative to another.

blisko, koło	near	**naprzeciw[ko]**	opposite
obok	beside, next to	**u**	at house, shop of
daleko	far from	**wśród**	among
niedaleko	near	**wzdłuż**	along length of
w pobliżu	near	**dokoła, naokoło**	around

Examples (Brackets show nominative case)

Kościół jest blisko ratusza (ratusz).
The church is near the town hall.

Ola mieszka obok cukierni (cukiernia).
Ola lives next to the sweet shop.

Mieszkam daleko kościoła (kościół).
I live far from the church.

Park jest niedaleko dworca (dworzec).
The park is not far from the station.

Poczta jest naprzeciw apteki (apteka).
The post office is opposite the chemist's.

Bolek mieszka u babci (babcia).
Bolek lives at his grandmother's.

Jesteś wśród przyjaciół (przyjaciel).
You are among friends.

Idę wzdłuż rzeki (rzeka).
I'm going along the river.

Domy są w pobliżu łąk (łąka).
The houses are near meadows.

Pies lata naokoło dziecka
(dziecko).
The dog is running round the
child.

Some other prepositions *always* followed by the genitive case are:

do	to, towards, into	**podczas**	during
od	from	**w ciągu**	in the course of
dla	for	**według**	according to
z(e)	out of, from	**zamiast**	instead of
bez	without	**[o]prócz**	apart from, except
mimo	despite	**z powodu**	because of, due to

Examples (Brackets show nominative case)

Idę *od* domu *do* domu (dom).
I go from house to house.

Włóż lody *do* lodówki
(lodówka).
Put the ice cream into the fridge.

To jest *dla* Pawła *od* brata
(Paweł, brat).
This is for Paul from his brother.

Dzwonię *z* hotelu (hotel).
I ring from the hotel.

Idę *do* miasta *bez* pieniędzy
(pieniądz).
I'm going to town without
money.

***Mimo* śniegu jadę *do* cioci**
(śnieg, ciocia).
Despite the snow I'm going
to my aunt's.

Czytam *podczas* lekcji
(lekcja).
I read during the lesson.

Mam czas *w ciągu* tygodnia
(tydzień).
I have time during the week.

***Według* Kasi zupa jest
smaczna** (Kasia).
According to Kate the soup
tastes nice.

***Zamiast* chleba jem bułkę**
(chleb).
Instead of bread I am eating a
roll.

***Oprócz* matki jest tu ojciec**
(matka).
Apart from mother, father is
here too.

Nie idę *z powodu* grypy
(grypa).
I'm not going because of 'flu.

To aid pronunciation an **e** is added to **bez, od** and **z** before the personal pronoun **mnie** (Unit 15) and before difficult consonant groups, e.g.

Wracam ze szkoły.   **Gra beze mnie.**
I return from school.   He plays without me.

Prezent jest ode mnie.
The present is from me.

Wracać (**to return**) [behaves like *mieszkać*]

wracać z (from a place or activity)
Wracamy z miasta/z pracy.
We return from town/from work.

Dzieci wracają ze szkoły.
The children return from school.

wracać od (from visiting a person)
Wracam od wujka/od dentysty.
I return from uncle's/from the dentist's.

Magda wraca od koleżanek.
Magda returns from her girlfriends'.

Exercise 1

Change each noun into its genitive case form as required by the preposition *do*.

Example: Idę *do miasta* (miasto). Complete. *Idę do* _____

(a) teatr, bank, kościół, dom, zamek, ogród, las.
(b) koledzy, bracia, rodzice, przyjaciele, studenci.
(c) kwiaciarnia, apteka, szkoła, księgarnia, toaleta.
(d) kino, muzeum, mieszkanie, dziecko, łóżko.

Exercise 2

Andrzej is unhappy with his basic facilities. Complete his statement.

(a) Tutaj mam pokój bez _____
    telefon, radio, magnetowid, telewizor, światło, lodówka, centralne ogrzewanie.
(b) Miałem (I had) wszystko u _____
    wujek, ciotka, babcia, siostra, brat, syn, córka, Mama, ojciec, dziadek.

Exercise 3

Rewrite the plural nouns (in brackets) in the form required by the preposition.

1. Wśród (Polacy) i (Polki) jest miło.
2. Mam list od (siostry) i od (bracia).
3. Według (nauczyciele) i (nauczycielki) Kasia jest inteligentna.
4. Dziadek ma prezenty dla (wnukowie) i (wnuczki).
5. Piotruś mieszka naprzeciwko (sklepy), (banki) i (biura).
6. Zamiast (bułki) i (jaja) mam chleb i ser.
7. Podczas (koncerty) i (sztuki) nie rozmawiamy.

Exercise 4

Change the phrase in brackets to the form required by the preposition.

1. Idę do (nowa szkoła).
2. Dzwonię do (dobra koleżanka).
3. Mieszkam obok (ładny park).
4. Zamek jest blisko (stare muzeum).
5. Antoni mieszka u (miły kolega).
6. Wracamy z (długi koncert).
7. Oprócz (mała siostra) mam dużego brata.
8. Zamiast (czerwone róże) mam żółte tulipany.
9. Mamy cukierki dla (grzeczne dzieci).
10. Babcia wraca od (młody wnuk).

Exercise 5

Complete each phrase with a preposition, then find their meanings.

do   dla   z   od   do   z   od   bez   od   do

1. Student _____ liceum.	a.	Currant wine.
2. Pokój _____ widoku.	b.	Hairbrush.
3. Proszek _____ bólu głowy.	c.	Writing paper.
4. Szczotka _____ włosów.	d.	Coat collar.
5. Łóżeczko _____ dziecka.	e.	Headache powder.
6. Wino _____ porzeczek.	f.	Toothbrush.
7. Klucz _____ garażu.	g.	Viewless room.
8. Papier _____ listów.	h.	High school student.
9. Szczoteczka _____ zębów.	i.	Child's crib.
10. Kołnierz _____ płaszcza.	j.	Garage key.

Verbs with genitive case object; prepositional pronouns (genitive)

The genitive case is vital in Polish. It shows possession, but also expresses the direct object after some positive verbs (for no clear reason) and after *all* negative verbs (Unit 22).

Genitive case verbs

Four common verbs which use the genitive case for the direct object are:

słuchać	listen to	potrzebować	need
szukać	look for	używać	use

Słucham radia. (radio)	**Potrzebuję spokoju.** (spokój)
I listen to the radio.	I need peace.
Szukam pracy. (praca)	**Używam farby.** (farba)
I'm looking for a job.	I use paint.

Genitive case pronouns

The direct object of genitive case verbs like the above is often replaced by genitive case pronouns.

	Singular					Plural			
	I	you	he	she	it	we	you	they (men)	they (non-men)
Nom.	**ja**	**ty**	**on**	**ona**	**ono**	**my**	**wy**	**oni**	**one**
Gen.	**mię**	**cię**	**go**	**jej**	**go**	**nas**	**was**	**ich**	**ich**
	me	you	him	her	it	us	you	them	them

Mię, cię, go cannot start a sentence or carry the sentence stress. In such situations use the *emphatic* forms **mnie, ciebie, jego**.

Słucham ojca.
I listen to my father.

Słucham go.
I listen to him.

Szukam matki.
I'm looking for mother.

Szukam jej.
I'm looking for her.

Potrzebuję książek.
I need books.

Potrzebuję ich.
I need them.

Używam masła.
I use butter.

Używam go.
I use it.

Genitive case prepositional pronouns

A different set of pronouns is used after genitive case prepositions (e.g. *bez, dla, od*). They all begin with 'n', a historical remnant (e.g. *on + jego = niego*). Only *him, her, it* and *them* (shown in bold italics below) exist. For other persons, use the forms shown explained above.

	Singular					Plural			
	I	you	he	she	it	we	you	they (men)	they (non-men)
Nom.	**ja**	**ty**	**on**	**ona**	**ono**	**my**	**wy**	**oni**	**one**
Gen.	**MNIE**	**CIEBIE**	***niego***	***niej***	***niego***	nas	was	***nich***	***nich***
	me	you	him	her	it	us	you	them	them

Note: To aid pronunciation an **e** is added to **bez**, **od** and **z** before **mnie**.

Preposition plus noun	Preposition plus pronoun
Piotr ma prezent *dla brata.*	Piotr ma prezent *dla niego.*
Idę do miasta *bez siostry.*	Idę do miasta *bez niej.*
Mam list *od rodziców.*	Mam list *od nich.*
	Pieniądze są *ode mnie.*
	Oni grają *beze mnie*
	To jest list *do ciebie.*
	Wy mieszkacie *obok nas.*
	Ciocia mieszka *naprzeciwko was.*

Exercise 1

Insert the direct object, e.g. Maciej słucha *radia* (radio).

1. Szukamy (tani słownik).
2. Dzieci słuchają (matka) i (ojciec).
3. Studenci szukają (dobre książki).
4. Marta szuka (cukierki) i (czekoladki).
5. Polacy słuchają (polskie kolędy).
6. Bracia szukają (czarny pies).

Exercise 2

Insert the verb and direct object, e.g. Koleżanki *słuchają* (słuchać) *telewizji* (telewizja).

1. Student (szukać) (ołówki).
2. Ty (słuchać) (muzyka).
3. Wy (słuchać) (program).
4. Łukasz (szukać) (kot).
5. Ludzie (słuchać) (orkiestra).
6. Ja (szukać) (dobra kawiarnia).
7. Marysia (słuchać) (polska pieśń).
8. Ty (szukać) (nowe mieszkanie).

Exercise 3

Select the best object to complete each sentence after **potrzebuję**, as shown.

1.	**Praca jest trudna;**	**potrzebuję**	a. miłości
2.	Jestem zmęczony;		b. płaszcza
3.	Mam ból głowy;		c. chleba
4.	Jestem smutna;		d. autobusu
5.	Jestem chory;		e. pieniędzy
6.	Pogoda jest zimna;		f. **pomocy**
7.	Mieszkam daleko pracy;		g. odpoczynku
8.	Jestem głodna;		h. parasolki
9.	Jest deszczowa pogoda;		i. spokoju
10.	Jestem biedny;		j. lekarza.

Exercise 4

Write the correct form of the *direct object* after the verb *używam*.

1. Do kanapek używam *chleb, masło, kiełbasa, ser, ogórek, cebula, pomidory i jajka.*
2. Do pracy używam *ołówki, kredki, papier, długopisy, linijka i komputer.*

Exercise 5

Write the correct form of the noun and pronoun, e.g. Piszę do *ciotki* (ciotka). Piszę do *niej.*

Piszę = I write, *Mówię* = I speak/say.

1. Mówię do (brat). Mówię do _____ .
2. Piszę do (babcia) i (dziadek). Piszę do _____ .
3. Mówię do (Agata). Mówię do _____ .
4. Piszę do (panowie) i (panie). Piszę do _____ .
5. Jestem zadowolony z (samochód). Jestem zadowolony z _____ .
6. Olga jest zadowolona z (mieszkanie). Olga jest zadowolona z _____ .
7. Jesteśmy zadowoleni z (dzieci). Jesteśmy zadowoleni z _____ .
8. Jesteście gotowi do (praca)? Tak. Jesteśmy gotowi do _____ .

Exercise 6

| mnie | ciebie | niego | niej | nich |
| mię | cię | go | jej | ich |

Select *one* pronoun from *each pair* to fit the sentences below.

1. Dzieci słuchają nauczycieli. Słuchają _____ .
2. Piszę do Piotra. Piszę do _____ .
3. Mówię do Heleny. Mówię do _____ .
4. Matka kocha _____ . (you, sing.).
5. Nauczyciel jest zadowolony ze _____ . (me).

Verbs with present tense -em, -e, -eją/edzą

Verbs in this tiny group end in **-ieć** (but *some* **-ieć** verbs belong to other groups). It has two subdivisions; the ending used by the *they* part is different. The verb **jeść** also belongs here.

Umieć and *rozumieć*			
Person	*Ending*	**umieć** (*know how to*)	**rozumieć** (*understand*)
ja	-em	umiem	rozumiem
ty	-esz	umiesz	rozumiesz
on/ona/ono	-e	umie	rozumie
my	-emy	umiemy	rozumiemy
wy	-ecie	umiecie	rozumiecie
oni/one	**-eją**	umie**ją**	rozumie**ją**

Umieć is followed by the infinitive. **Umiem pływać.** (I can swim.)

Rozumieć takes a direct object. **Rozumiem lekcję.**
(I understand the lesson.)

Wiedzieć and *jeść*			
Person	*Ending*	**wiedzieć** (*know a fact*)	**jeść** (*eat*)
ja	-em	wiem	jem
ty	-esz	wiesz	jesz

Wiedzieć and *jeść*

Person	Ending	*wiedzieć* (know a fact)	*jeść* (eat)
on/ona/ono	-e	wie	je
my	-emy	wiemy	jemy
wy	-ecie	wiecie	jecie
oni/one	**-edzą**	wie**dzą**	je**dzą**

Wiedzieć contrasts with *znać* (to know a person, country, language).

Link words *gdzie, kiedy, że*

Many verbs of knowing, remembering, understanding, asking, believing, etc. introduce subordinate clauses starting with link words. Notice that the verb in the subordinate clause often stands right after the link word. The comma is necessary. Unlike in English, we cannot omit the word 'that'.

gdzie (where)

Wiem, gdzie mieszkasz.	I know where you live.
Wiemy, gdzie jest bank.	We know where the bank is.
Pyta, gdzie jest matka.	He asks where mother is.

kiedy (when)

Pamiętam, kiedy masz urlop.	I remember when your holiday is.
On wie, kiedy mam urodziny.	He knows when my birthday is.
Pyta, kiedy jest matka.	He asks when mother is at home.

że (that)

Rozumiem, że jesteś chory.	I understand (that) you are ill.
Oni wiedzą, że mam syna.	They know (that) I have a son.
Pamiętam, że są biedni.	I remember (that) they are poor.

Exercise 1

Correct the error in each sentence.

1. My rozumiemy nauczyciel.
2. Ja umie grać w karty.
3. Chłopiec je kiełbasa.
4. Dziewczynki jedą jabłka.
5. Ojciec wie, gdzie kolega mieszkać.
6. Koleżanki umiedzą pływać.
7. Ja wiem, kiedy sklep są otwarty.
8. Marysia umiem czytać.

Exercise 2

Insert the best link word, *kiedy*, *gdzie*, or *że* and translate the sentence.

1. Córka wie, _____ jest autobus do Krakowa.
2. Nie wiem, _____ jest poczta.
3. Turyści wiedzą, _____ wycieczka jest droga.
4. Nie pamiętamy, _____ oni mieszkają.
5. Ojciec wie, _____ syn jest leniwy.
6. Nie wiecie, _____ macie egzamin?
7. Dziecko rozumie, _____ owoce są zdrowe.
8. Pani nie wie, _____ bank jest czynny?

Exercise 3

Translate, using the correct verb for 'to know' (*znać*, *umieć*, *wiedzieć*).

1. Anka knows Warsaw and Kraków.
2. Kasia can read and write.
3. The mother knows when the child is ill.
4. The boy knows how to swim.
5. I know that you have time for coffee.
6. I know where Piotr lives.
7. The men know the teachers (masc.)
8. We know that you (sing.) know Magda.

Exercise 4

Find the correct verb for each sentence.

a. rozumie   b. umiecie   c. znasz   d. wie   e. jedzą   f. znam
g. znają   h. wiemy

1. Profesorowie _____ studentów.
2. Dzieci _____ bułki na obiad.
3. On _____ , gdzie mieszkają koledzy.
4. Ja _____ Pawła i Tomka.
5. Wy _____ grać w tenisa.
6. Ty _____ język polski.
7. My nie _____ , gdzie jest szpital.
8. Teresa _____ lekcję.

Exercise 5

Write the correct form of the verb, and of the nouns (italicised) following the genitive prepositions.

1. Synowie (jeść) obiad u *wujek*. Wujek mieszka niedaleko *rodzina*.
2. Ja (rozumieć) lekcję bez *pomoc*.
3. Dzieci (wiedzieć), że prezent jest od *ciocia*.
4. Idę do *bank*. (Wiedzieć), że bank jest blisko *szkoła*.
5. Mimo *zimna pogoda* Krysia (jeść) lody na deser.
6. Wy (umieć) pływać. Basen jest naprzeciwko *park* obok *kościół*.
7. Lekarz (wiedzieć), że pacjent (znać) dentystę.
8. Pasażerowie (rozumieć), że pociąg do *Warszawa* jest opóźniony.

Unit 17

Cardinal numbers 1 to 4

These behave like adjectives, agreeing in number, gender and case with the noun following. Most complex are 'one' and 'two'. 'Three' and 'four' are easier. Numbers from 'five' onwards have only two forms.

From 'three' onwards, the number does not change when referring to masculine (non-men), feminine and neuter nouns in the nominative and accusative cases.

Jeden/jedna/jedno (one)

'One' agrees in gender and case with its associated noun. It also means 'a certain'. The plural jedne/jedni means 'some' (from a total number). Use jedne before 'plural only' nouns, e.g. jedne spodnie (one pair of trousers).

	Singular Masc.	Fem.	Neut.	Plural Non-men	Men
Nom.	jeden	jedna	jedno	jedne	jedni
Acc.	jeden [non-alive]	jedną	jedno	jedne	jednych
	jednego [alive]				
Gen.	jednego	jednej	jednego	jednych	jednych

Nominative	Accusative	Genitive
jeden brat, kot, stół one brother, cat, table	**Mam jednego brata, kota.** I have one brother, cat.	**Szukam jednego brata, kota.** I'm looking for one brother, cat.
jedna siostra, jedno dziecko, jedne drzwi one sister, child, door	**Mam jeden stół, jedną siostrę, jedno dziecko.** I have one table, sister, child.	**Szukam jednego stołu, jednej siostry, jednego dziecka.** I'm looking for one table, sister, child.
Jedni chłopcy czekają. Some boys are waiting. **Jedne dzieci śpiewają.** Some children sing.	**Czekam na jednego pana, jedną panią, jedne dziecko.** I'm waiting for one gentleman, one lady, one child.	**Piszę do jednej córki, jednego wnuka.** I write to one daughter, grandson.

Jedyny, jedyna, jedyne means *only one.*   *Jeszcze jeden/jedna/jedne* means *one more.*

To jest mój jedyny długopis.   **Mam jeszcze jeden długopis.**

Dwaj/ dwie/ dwa (two)

'Two' agrees in gender and case with its associated noun. For groups of mixed gender, children, *young* animals and 'plural only' nouns, there is a collective form.

	Masc. (men)	Masc. (non-men) and neut.	Fem.	Collective
Nom.	dwaj*	dwa	dwie	dwoje**
Acc.	dwóch	dwa	dwie	dwoje
Gen.	dwóch	dwóch	dwóch	dwojga

* **Dwaj**, and **trzej**, **czterej** below, have a subject in the nominative plural and a plural verb. Colloquially, **dwaj**, **trzej**, **czterej** are replaced by **dwóch**, **trzech**, **czterech** which have a subject in the genitive plural and a singular verb.

Dwaj/trzej/czterej panów   BUT   **Dwóch/trzech/czterech panowie czekają.**   **czeka.** (2/3/4 men are waiting.)

** **Dwoje**, and **troje**, **czworo** below, have a subject in the genitive case and a singular verb, e.g. *dwoje nożyc leży na stole* (lit. two of scissors is lying on the table).

Nominative	Accusative	Genitive
dwaj synowie **dwa ołówki** **dwie matki** **dwa drzewa** **dwoje dzieci** **dwoje drzwi** Two sons, pencils, mothers, trees, children, doors.	**Mam dwóch synów, dwie córki.** I have two sons, daughters. **Mam dwoje dzieci.** I have two children. **Pokój ma dwa okna, dwoje drzwi.** The room has two windows, doors. **Czekam na dwóch panów, dwie panie, dwoje dzieci.** I'm waiting for two gentleman, ladies, children.	**Szukam dwóch braci, dwóch sióstr, dwojga dzieci.** I'm looking for two brothers, sisters, children. **Piszę do dwóch panów, dwóch pań, dwojga dzieci.** I write to two men, ladies, children.

Trzej/trzy (three) and czterej/cztery (four)

Here, nouns divide into two groups – masculine (men), and all others. Differences exist only in the nominative and accusative cases. For groups of mixed gender, children, *young* animals and 'plural only' nouns, there are collective forms. For * and ** see under *dwaj* above.

	Masc. (men)		Other Nouns		Collective	
Nom.	trzej*	czterej*	trzy	cztery	troje**	czworo**
Acc.	trzech	czterech	trzy	cztery	troje	czworo
Gen.	trzech	czterech	trzech	czterech	trojga	czworga

Nominative	Direct Object	Genitive
trzej/czterej panowie three/four men	**Mam trzech synów, cztery córki.** I have three sons, four daughters.	**Pokój dla trzech/ czterech panów, pań.** A room for three/four men, ladies.

Nominative	Direct Object	Genitive
trzy/cztery koty, kobiety, okna three/four cats, women, windows	**Mam troje/czworo dzieci.** I have three/four children. **Pokój ma troje drzwi.** The room has three doors.	**Prezent od trojga/ czworga dzieci.** A present from three/ four children.

Exercise 1

Put the correct form of *jeden* before:

dziecko, pani, nauczycielka, kierowca, talerz, pan, imię, ulica, przyjaciel, Angielka, miasto, sklep, Polak, pole, noc, nazwisko, mężczyzna, zdjęcie, gałąź, zwierzę.

Exercise 2

Put the correct form of *dwa* before:

koleżanki, okna, rzeczy, kraje, dni, koledzy, noce, lata, dzieci, lekarze, psy, łóżka, lekcje, turyści, ptaki, pisklęta, pomarańcze, drzwi, autobusy, jabłka, niemowlęta, rzeki, miesiące.

Exercise 3

Put the correct form of *jeden* in the gap (direct object case needed).

1. Dwaj panowie czekają na _____ panią.
2. Krysia ma _____ koguta, _____ kaczkę i _____ pisklę.
3. Basia pamięta _____ pieśń _____ kolędę.
4. Znamy _____ aktora i _____ aktorkę.
5. Antek ma _____ książkę, _____ zeszyt i _____ słownik.
6. Mam _____ kolegę i _____ koleżankę.
7. Pokój ma _____ okno i _____ drzwi.

Exercise 4

Match the numerals to the gaps. Use each numeral once.

trzy trzej troje trzech trzech   cztery cztery czterej czworo czterech

1. Agata kocha _____ (3) chłopców.
2. Odwiedzam _____ (3) koleżanki.
3. Znamy _____ (4) polskie miasta.
4. Ciocia ma _____ (4) dzieci.
5. Pan Kowalski ma _____ (4) córki.
6. _____ (3) panowie znają język polski.
7. Michał ma _____ (4) kolegów.
8. _____ (3) dzieci czeka na autobus.
9. _____ (4) polscy autorze są dobrzy.
10. Mam _____ (3) braci.

Exercise 5

Translate:

3 trams, 2 girls, 4 apples, 2 tables, 3 chairs, 2 doors, 4 ladies, 2 men, 4 cats, 2 towns, 3 coffees, 2 roses, 4 cars, 3 students, 2 flats, 3 rooms, 2 teas, 2 children.

Unit 18

Numbers 5 to 20; indefinite numbers; quantities

Numbers above 4

These are followed by the *genitive plural* of the noun. Note the special form for 'men' nouns - pięciu, sześciu, siedmiu, ośmiu, dziewięciu, dziesięciu, jedenastu, dwunastu, trzynastu, czternastu, piętnastu, szesnastu, siedemnastu, osiemnastu, dziewiętnastu, dwudziestu.

5	pięć	11	jedenaście	17	siedemnaście
6	sześć	12	dwanaście	18	osiemnaście
7	siedem	13	trzynaście	19	dziewiętnaście
8	osiem	14	czternaście	20	dwadzieścia
9	dziewięć	15	piętnaście		
10	dziesięć	16	szesnaście		

pięć kotów   dwanaście domów   **piętnastu** lekarzy
osiem kobiet   **dwunastu** panów   dziewiętnaście rzeczy
ośmiu przyjaciół   czternaście książek   dwadzieścia matek
dziesięć dzieci   piętnaście miast   **dwudziestu** kolegów

Note these unusual plurals often used with numbers.

dzień day   **tydzień** week   **rok** year (pl. **lata** = summers)
miesiąc month

dwa dni, tygodnie,   two days, weeks, months, years
miesiące, lata (nom.)

pięć dni, tygodni, miesięcy,   five days, weeks, months, years
lat (gen.)

Indefinite numbers

Some numbers are indefinite. They have a special form in the nominative and accusative cases for 'men' nouns. Indefinite numbers are regarded as quantities and are followed by the *genitive* case of the noun. When acting as subjects, they take a *singular* verb.

	A few	Several	Many	So many	How many?
Nom./Acc. (masc. men)	**paru**	**kilku**	**wielu**	**tylu**	**ilu**
(other nouns)	**parę**	**kilka**	**wiele**	**tyle**	**ile**
Gen.	**paru**	**kilku**	**wielu**	**tylu**	**ilu**

Nom.

Jest *wielu* **uczniów i** *wiele* **uczennic.**
There are many boy and girl pupils.

Paru **studentów** czeka.
A few students are waiting.

Ilu **studentów** czeka?
How many students are waiting?

Gen.

Mam książki dla *kilku/paru* **dzieci.**
I have books for several/a few children.

Acc.

Mam *parę* **kubków i** *wiele* **filiżanek.**
I have a few mugs and many cups.

Mamy *tylu* **dobrych przyjaciół.**
We have so many good friends.

Czekam na *kilka* **pań.**
I'm waiting for several ladies.

Expressions of quantity

These are followed by the *genitive* case of the noun. There is no word for 'of'.

dużo* a lot of
dużo *mleka*

sporo quite a lot of
sporo *komputerów*

wiele** many
wiele *książek*

trochę a little
trochę *czasu*

mało little/few
mało *śniegu*, mało *dzieci*

dość, **dosyć** enough
dość *pieniędzy*, dosyć *pracy*

za too za dużo *wina*, za wiele *dzieci*, za mało *cukru*, za mało *turystów*

* Used with nouns we cannot count, e.g. water, noise.

** Used with nouns we can count, e.g. cars, books.

Genitive after 'some'

A noun following 'some' (not translated in Polish) stands in the *genitive* case.

Kupuję *mleka* **i** *sera.*	I buy some milk and some cheese.
Kupujemy *cukierków.*	We buy some sweets.

Containers and measures

These are all followed by the *genitive* case of the noun.

Masculine

bochenek *chleba*	loaf of bread
kubek *jagód*	mug of berries
kawałek *mięsa*	piece of meat
karton *soku*	carton of juice
dzbanek *mleka*	jug of milk
kieliszek *wina*	glass of wine
słoik *dżemu*	jar of jam
wazon *kwiatów*	vase of flowers
koszyk *grzybów*	basket of mushrooms
talerz *zupy*	plate of soup
kilo(gram) *sera*	kilo of cheese
litr *soku*	litre of juice
pół *kilograma*	$^1/_2$ kilo
pół *litra*	$^1/_2$ litre
ćwierć *kilograma*	$^1/_4$ kilo
ćwierć *litra*	$^1/_4$ litre

Feminine

butelka *piwa*	bottle of beer
kromka *chleba*	slice of bread

filiżanka *kawy*	cup of coffee
puszka *ryby*	tin of fish
łyżka *miodu*	spoon of honey
paczka *herbaty*	packet of tea
flaszka *wody*	bottle of water
skrzynka *jabłek*	crate of apples
tubka *kremu*	tube of cream
kostka *masła*	cube of butter
para *majtek*	pair of pants

Neuter

pudełko *zapałek*	box of matches
wiadro *wody*	pail of water

Verbs with present tense endings -uję, -uje, -ują

Many verbs have the infinitive -**ować** and present tense endings *-uję*, *-uje*, *-ują* (note extra **-j**).

Person	Ending	**kupować** *(buy)*	**pakować** *(pack)*
ja	*-uję*	kupuję	pakuję
ty	*-ujesz*	kupujesz	pakujesz
on/ona/ono	*-uje*	kupuje	pakuje
my	*-ujemy*	kupujemy	pakujemy
wy	*-ujecie*	kupujecie	pakujecie
oni/one	*-ują*	kupują	pakują

Exercise 1

Put *mało* or *dosyć* before these nouns, e.g.

mało, herbata = *mało herbaty* (gen.)
dosyć, lekarze = *dosyć lekarzy* (gen.)

1. mało, studenci	5. mało, słońce	9. mało, dzieci
2. dosyć, pieniądze	6. dosyć, koleżanki	10. dosyć, masło
3. mało, pociągi	7. mało, mieszkania	11. mało, deszcz
4. dosyć, czas	8. dosyć, ludzie	12. dosyć, kawa

Exercise 2

Put *dużo*, *wiele* or *wielu* before these nouns. Put the noun in the genitive case.

mleko = *dużo mleka* (uncountable noun)
książki = *wiele książek* (countable noun)
panowie = *wielu panów* (masc. 'men' noun)

1. talerze	4. panie	7. woda	10. piwo
2. profesorowie	5. praca	8. chłopcy	11. nauczycielki
3. samochody	6. mężczyźni	9. studentki	12. nauczyciele.

Exercise 3

Put *tyle* or *tylu* before these nouns. They are already in the genitive case.

1. kobiet	5. kierowców	9. hoteli	13. sąsiadów
2. sera	6. jabłek	10. dziewcząt	14. dzieci
3. miast	7. kolegów	11. chleba	15. sąsiadek
4. kotów	8. pieniędzy	12. drzew	16. ulic.

Exercise 4

Write the correct part of *kupować* in the first gap, and the genitive case of the noun in the second.

1. Mąż _____ bukiet _____ (kwiaty) dla żony.
2. Babcia _____ paczkę _____ (cukierki) dla wnuków.
3. Studenci _____ bochenek _____ (chleb) na obiad.
4. Ja _____ sześć _____ (bułki) na śniadanie.
5. Filip _____ filiżankę _____ (kawa) dla cioci.
6. My _____ karton _____ (sok) dla dziecka.
7. Ojciec _____ trzy litry _____ (wino) na święta.
8. Ty _____ dziesięć _____ (róże) dla matki.
9. Wy _____ kilogram _____ (kiełbasa) na kolację.
10. One _____ pół kilo _____ (truskawki) na deser.

Exercise 5

Complete the sentences. The bracketed nouns are singular. You may
need the plural.

1. Ile _____ (jajko) kupujesz? Kupuję _____ (10).
2. Ile _____ (dżem) kupuje Anna. Kupuje dwa _____ (słoik).
3. Ile _____ (chleb) masz? Mam pół _____ (bochenek).
4. Ile _____ (gruszka) ma pani? Ma dwa _____ (kilogram).
5. Ile _____ (herbata) kupujesz?. Kupuję pięć _____ (paczka).
6. Ile _____ (mleko) macie? Mamy siedem _____ (litr).
7. Ile _____ (masło) kupujecie? Kupujemy ćwierć _____
   (kilogram).

Exercise 6

Put these 'men' nouns into the genitive plural after *ilu?*

Ilu
koledzy, przyjaciele, synowie, nauczyciele, turyści, malarze, bracia,
sąsiedzi, Polacy, Niemcy, Anglicy.

Exercise 7

Co pakuje Anna? Translate each item. Use the vocabulary to write its
nominative singular (if it exists) and plural.

	Item	Nom. sing.	Nom. pl.
jedną parę *rękawiczek*	_____	_____	_____
pięć par *butów*	_____	_____	_____
osiem par *skarpet*	_____	_____	_____
dwie pary *okularów*	_____	_____	_____
dziesięć par *majtek*	_____	_____	_____
sześć par *spodni*	_____	_____	_____

Exercise 8

Translate. (You may need the special 'men' form of the number.)

10 boys, 6 girls, 12 months, 5 tourists, 17 cars, 20 ladies, 14 days,
7 doctors, 9 women, 13 weeks, 15 children, 8 men, 11 apples,
16 animals, 18 gentlemen, 19 years

Ordinal numbers 1 to 20; name; age

Ordinal numbers

These behave like adjectives, agreeing in number, gender and case with the noun following. They are used mainly in the singular. Special forms for plural 'men' nouns do exist, i.e. *pierwsi, drudzy, trzeci, czwarci panowie*. Only *pierwsi* and *drudzy* are used much.

1st **pierwszy, -a, -e**	8th **ósmy**	15th **piętnasty**
2nd **drugi, -a, -ie**	9th **dziewiąty**	16th **szesnasty**
3rd **trzeci, -ia, -ie**	10th **dziesiąty**	17th **siedemnasty**
4th **czwarty, -a, -e**	11th **jedenasty**	18th **osiemnasty**
5th **piąty** etc.	12th **dwunasty**	19th **dziewiętnasty**
6th **szósty**	13th **trzynasty**	20th **dwudziesty**
7th **siódmy**	14th **czternasty**	

pierwszy pan	**ósma** wycieczka	**piętnaste** muzeum
druga książka	**dziesiąte** miasto	**szesnasty** dom
trzecie dziecko	**dwunasty** sklep	**dziewiętnasta** sala
szósty ogród	**czternasta** nagroda	**ostatnie** pole

last **ostatni, -ia, -ie**   2nd last **przedostatni, -ia, -ie**
next **następny, -a, -e**

Unless needed for clarity, *my* etc. is omitted in phrases like *my first . . .*, *his second . . .*, *our last . . .* e.g.

Ola ma drugie dziecko (Ola has her second child).

Nominative

Trzecia nagroda jest marna.	The third prize is poor.
Ostatni list jest smutny.	The last letter is sad.
Następne miasto jest stare.	The next town is old.

87

Accusative

Mam pierwszą nagrodę.	I have the first prize.
Czekam na drugi list.	I'm waiting for my second letter.
Kiedy masz następny egzamin?	When is your next exam?

Genitive

Słucham trzeciego programu.	I listen to Programme 3.
Piszę do trzeciej firmy.	I'm writing to the third company.
Szukam następnego numeru.	I'm looking for the next number.

Name and age

To state your first name, use **mieć** + **na imię**.

To state your surname say **Nazywam się** . . . or **Moje nazwisko jest** . . .

Mam na imię Anna.	My name is Anna.
On ma na imię Jan.	He is called John.
Nazywam się Wood. **Moje nazwisko jest Wood.**	My surname is Wood.

To state age use **mieć** + [cardinal number] + correct word for month(s) or year(s).

	Month(s)	*Year(s)*
1	**miesiąc**	**rok**
2–4	**miesiące**	**lata**
5+	**miesięcy**	**lat**
	Wojtek ma miesiąc.	**Bliźnięta mają rok.**
	Dzieci mają trzy miesiące.	**Piotrek ma dwa lata.**
	Marta ma sześć miesięcy.	**Wnuk ma osiem lat i dziewięć miesięcy.**

Exercise 1

Pani Zawadzka			Pan Krupski		
Magda	**Teresa**	**Basia**	**Maciek**	**Tomek**	**Ania**
10 years	5 years	2 years	9 years	4 years	6 months

Look at the families above and complete the gaps.

1. Pani Zawadzka ma trzy _____. Pierwsz ____ córka ma na imię Magda. Ona ma _____ (10) _____. Drug ___ córka ma na imię Teresa. Ona ma _____ (5) _____. Trzec _____ ma na _____ Basia. Ona jest bardzo _____. Ona ma tylko _____.

2. Pan Krupski ma _____ dzieci – _____ synów i _____ córkę. Pierwsz____ syn ma _____ (9) _____. On _____ na imię Maciek. Drug ____ syn ma _____ (4) _____. On ma na imię _____ Córka ma tylko _____ (6) _____. Ona ma _____ imię Ania. Nazwisko córki jest _____ .

Exercise 2

Use the given word(s) to fill in the gaps.

czerwony czwartą długie dobra drogie drugie dziesiąta francuski krótkie następne następny niemiecki nudna ostatnia pierwsza pierwsze pierwszego pierwszy trudna trzeci

1. Bilet do _____ (the first) muzeum jest bardzo _____ (expensive).
2. Piszę _____ (the second) zadanie.
3. _____ (the third) dom ma _____ (red) dach.
4. Marta ma _____ (the fourth) nagrodę.
5. _____ (the tenth) lekcja jest _____ (hard).
6. _____ (the first) książka jest _____ (good); _____ (the last) jest _____ (boring).
7. _____ (the first) programy są _____ (long); _____ (the next) są _____ (short).
8. _____ (the first) słownik jest _____ (French); _____ (the next) jest _____ (German).

Exercise 3

Rewrite, putting the number into the accusative case.

1. Maria czyta (the fifth) list od kolegi.
2. Jurek je (his fourth) kanapkę.
3. Karol śpiewa (the third) pieśń.
4. Rodzice mają (their second) dziecko.
5. Oni kupują (the last) bilety.
6. Kasia ma (her first) mieszkanie.
7. Czekamy na (the next) autobus.
8. Kupuję (the last) polską gazetę.

Exercise 4

Put the given number before the nouns.

1. 3rd   kobieta, dzień, dziecko, turysta, miasto, pociąg, noc
2. 6th   zwierzę, rzecz, zdjęcie, miesiąc, kierowca, pani
3. 15th godzina, drzewo, tydzień, lekcja, kolega, mężczyzna

Exercise 5

Match Columns 1 and 2 to find another 5 valid theatre tickets (3f has been found).

	Row	*Seat*	*Rząd*	*Miejsce*
(1)	13	7	(a) czternasty	szesnaste
(2)	2	11	(b) siedemnasty	drugie
(3)	6	13	(c) czwarty	trzecie
(4)	4	16	(d) dziewiąty	dziesiąte
(5)	10	9	(e) pierwszy	piąte
(6)	4	3	(f) *szósty*	*trzynaste*
(7)	20	19	(g) drugi	jedenaste
(8)	1	15	(h) osiemnasty	ósme
(9)	17	2	(i) trzynasty	siódme
(10)	8	18	(j) dwudziesty	dziewiętnaste

Column 1 and *Column 2* headings appear above the *Row / Seat* and *Rząd / Miejsce* columns respectively.

Questions

Questions which expect *Yes/No* answers start with **czy**:

Czy znasz Janka?	Do you know John?
Czy jest Pan Smutek?	Is Mr Smutek here?
Czy oni są bogaci?	Are they rich?
Czy są już goście?	Are the guests here yet?
Czy umiesz pływać?	Can you swim?
Czy Pani ma syna?	Do you have a son?

Alternatively, simply make a statement and raise your voice at the end.

Mama jest chora?	Is (your) mum ill?
Czekasz na pociąg?	Are you waiting for a train?

Czy is also a conjunction meaning 'whether' or 'if':

Nie wiem, czy jest Karol.	I don't know if Charles is here.
Nie pamiętam, czy on ma dom.	I don't remember whether he has a house.

Kto? Co? Gdzie? Kiedy? Jak? Dlaczego?

Many questions begin with these question words:

Kto? *Who?*	Co? *What?*	Jak? *How?*
Kto to jest? Who's that?	**Co to jest?** What's this?	**Jak się Pan/Pani ma?** How are you?
Kto ma samochód? Who has a car?	**Co kupujesz?** What are you buying?	**Jak masz na imię?** What's your name?
Gdzie? *Where?*	Kiedy? *When?*	Dlaczego? *Why?*
Gdzie jest bank? Where is the bank?	**Kiedy masz egzamin?** When is your exam?	**Dlaczego narzekasz?** Why do you complain?
Gdzie mieszka Ola? Where does Ola live?	**Kiedy wraca Antek?** When does Antek return?	**Dlaczego jesteś zły?** Why are you angry?

Kto? is the nominative case form. **Co?** serves for nominative and accusative.

These words also act as link words (like *kiedy*, *gdzie* in Unit 16). Note the preceding comma.

Pamiętam, *kto* ma książkę.
I remember who has the book.

Wiemy, *co* kupujecie.
We know what you are buying.

Czy wiesz, *jak* on ma na imię?
Do you know what his name is?

Dzieci pytają, *dlaczego* matka jest smutna.
The children ask why their mother is sad.

Exercise 1

Put *Kto*, *Co*, *Gdzie* or *Kiedy* in the gap.

1. _____ to jest? Słownik polski.
2. _____ mieszkacie? U babci.
3. _____ to jest? Pan Krupski.
4. _____ masz urodziny? Jutro.
5. _____ kocha Martę? Andrzej.
6. _____ kupujesz? Bułki.
7. _____ odwiedzamy wujka? Dzisiaj.
8. _____ są rodzice? U wujka.

Exercise 2

Put a suitable link word in the gap.

1. Student wie, _____ mieszka nauczyciel.
2. Kierownik pyta, _____ ma jutro urlop.
3. Ania nie pamięta, _____ ma na imię ojciec.
4. Rodzice pytają, _____ dziecko nie je.
5. Krysia nie wie, _____ szkoła jest blisko.
6. Turyści wiedzą, _____ jest przystanek.
7. Sklepikarka pyta, _____ podać.
8. Tomek nie pamięta, _____ kolega ma brata.
9. Nie wiem, _____ poczta jest czynna.

Exercise 3

Rewrite. Use the formal address form (Pan etc.) and match the verb, e.g.

Gdzie _____ (mieszkać)? [dyrektor firmy]   *Gdzie Pan mieszka?*

1. Co _____ (kupować) dzisiaj?   [Pani Nowak]
2. Kiedy _____ (wracać)?   [grupa turystów]
3. Czy _____ (znać) polski teatr?   [trzy aktorki]
4. Gdzie _____ (jeść) obiad?   [dwaj biznesmeni]
5. Czy _____ (jeść) lody?   [Magda, 8 lat]
6. Dlaczego _____ (narzekać) na syna?   [Pan Smutek]
7. Czy _____ (czekać) na autobus?   [Pan i Pani Kurtyka]

Exercise 4

You know the people in Exercise 3. Ask the questions using **ty** or **wy** verb parts, e.g.

not Gdzie *Pan mieszka?*   but   *Gdzie mieszkasz?*

Verbs ending in -ować, -iwać, -awać, -ywać; verb aspects

This is a very large goup of verbs (see *kupować* in Unit 18) to which many new verbs are added. All add -j before the verb endings in the present tense.

Verbs with present tense endings -uję, -uje, -ują

Person	Ending	dziękować (thank)	obiecywać (promise)	oczekiwać (expect)
ja	-uję	dziękuję	obiecuję	oczekuję
ty	-ujesz	dziękujesz	obiecujesz	oczekujesz
on/ona/ono	-uje	dziękuje	obiecuje	oczekuje
my	-ujemy	dziękujemy	obiecujemy	oczekujemy
wy	-ujecie	dziękujecie	obiecujecie	oczekujecie
oni/one	-ują	dziękują	obiecują	oczekują

Here are some useful verbs like the above.

budować	build	**informować**	inform
gotować	cook	**malować**	paint
kupować	buy	**próbować**	try, taste
pracować	work	**szanować**	respect
studiować	study	**chorować**	be ill
całować	kiss	**kierować**	drive

94

pilnować	look after	**kosztować**	cost, taste
rezerwować	reserve	**podróżować**	journey
telefonować	telephone	**rysować**	draw
fotografować	photograph	**żartować**	joke
otrzymywać	get	**utrzymywać**	maintain
wykonywać	perform a function	**wychowywać**	bring up (child)
pokazywać	show	**obsługiwać**	serve, wait on
zatrzymywać	stop	**podskakiwać**	jump, rise (prices)

Some common verbs look like -*ywać* verbs but behave like *mieszkać*, e.g. *urywać* (tear off), *używać* (use), *spożywać* (consume food), *nazywać* (call).

Verbs with present tense endings -*aję*, -*aje*, -*ają*

Person	Ending	*dawać (give)*	*wstawać (get up)*
ja	-*aję*	**daję**	**wstaję**
ty	-*ajesz*	**dajesz**	**wstajesz**
on/ona/ono	-*aje*	**daje**	**wstaje**
my	-*ajemy*	**dajemy**	**wstajemy**
wy	-*ajecie*	**dajecie**	**wstajecie**
oni/one	-*ają*	**dają**	**wstają**

Here are some useful verbs like the above. Many comprise *dawać* and a prefix, a common way of making Polish verbs.

dodawać	add to	**nadawać**	send (letter), broadcast
rozdawać	distribute	**podawać**	hand, serve
oddawać	give back	**zostawać**	remain (over)
zdawać	sit (exam)	**stawać**	make planned stop
sprzedawać	sell	**dostawać**	receive

Verb aspects

Polish has fewer tenses than English. It has no continuous tenses to express duration or ongoing action (e.g. 'am walking', 'was singing', 'will be going') and no past tenses with *have* or *had* (e.g. 'have walked', 'had sung', 'will have gone'). To compensate, most Polish verbs have two forms, *imperfective* and *perfective*. They each express a different *aspect* of an action.

Imperfective verbs express action which is:		*Perfective verbs express a single action which:*
In progress	**Buduję dom.** (I'm building a house.)	Occurred once – in the past Will occur once – in the future
Long-lasting	**Owoce drogo kosztują.** (Fruit costs a lot.)	*They have no present tense.*
Habitual	**Wstaję wcześnie.** (I get up early.)	Perfective verbs are often just imperfective verbs with a
Repeated	**Autobus staje tu.** (The bus stops here.)	different ending or extra prefix.

Imperfective verbs mean

'to *be doing* something'

Perfective verbs mean

'to *have done* something'

Imperf.		*Perf.*	
kupować	to be buying	**kupić**	to have bought
pomagać	to be helping	**pomóc**	to have helped
robić	to be doing	**zrobić**	to have done
pisać	to be writing	**napisać**	to have written

All the verbs covered in this Unit are imperfective.

Adverbs and imperfective verbs

Imperfective verbs are often used with adverbs which express frequency or current action.

często often	**już** already
ciągle still	**rzadko** rarely
dzisiaj today	**teraz** now

zawsze always	**na razie** right now
czasem sometimes	**zwyczajnie** usually
Zawsze kupuję gazetę.	I always buy a paper.
Na razie piszę list.	Right now, I'm writing a letter.
Teraz idę do domu.	I'm going home now.
Marek *ciągle* **kocha Annę.**	Mark still loves Anna.
Dzisiaj nie pracuję.	I'm not working today.
Zawsze wstajemy wcześnie.	We always get up early.
Kasia *już* **dobrze gotuje.**	Kate already cooks well.

Exercise 1

Select the best verb and write it in the gap in the correct form.

studiować   dziękować   sprzedawać   gotować   podróżować
pracować   malować   całować   zdawać   rezerwować

1. Lekarze zwyczajnie _____ od rana.
2. Studentka dzisiaj _____ egzamin.
3. Dzieci rzadko _____ za prezenty.
4. Kasia teraz _____ obrazek.
5. Turyści już _____ pokoje.
6. Sklepikarze dzisiaj _____ tanie owoce.
7. Mama narazie _____ obiad.
8. Jacek zawsze _____ koleżankę.
9. Oni ciągle _____ język francuski.
10. On często _____ do Ameryki.

Exercise 2

Answer the questions, using the correct part of the italicised verb.

1. Czy *wstajesz* wcześnie? Nie, _____ późno.
2. Czy Pani *dostaje* obiad? Tak, _____ obiad.
3. Co Państwo *rozdają*? _____ bilety.
4. Czy *zostajecie* u cioci? Tak, _____ u niej.
5. Czy *nadajecie* listy? Tak, _____ je.
6. *Oddajesz* książkę? Tak, _____ ją.

Exercise 3

Select the best subject for the sentence. Also state the infinitive of the verb.

dziadek   kierowca   ojciec   turystki   rodzice   kierownik
pracownik   nauczyciele

1. _____ wychowują syna i córkę.   (_____)
2. _____ wykonują trudną pracę.   (_____)
3. _____ pokazują piękne zdjęcia.   (_____)
4. _____ otrzymuje pieniądze.   (_____)
5. _____ wychowuje wnuków.   (_____)
6. _____ pokazuje nowy sprzęt.   (_____)
7. _____ zatrzymuje autobus.   (_____)
8. _____ utrzymuje rodzinę.   (_____)

Exercise 4

Put the correct form of one of these verbs in each gap. Use each verb once.

chorować   rezerwować   nadawać   informować   podawać
podskakiwać budować   kupować   kosztować   telefonować
nadawać   kosztować

1. Dziecko _____ z radości.
2. To jest poczta. My _____ znaczki i _____ listy.
3. Tadzio nie jest zdrowy. Często _____.
4. Goście jedzą obiad. Gospodyni _____ zupę.
5. My _____ pierogi. Są smaczne.
6. Państwo Wajda _____ pokój.
7. Samochody drogo _____.
8. Telewizja _____ programy i _____ nas.
9. Robotnicy _____ dom.
10. My często _____ do babci.

Negation; simple conjunctions; there is; something

To negate a verb which has no direct object put **nie** before the verb.

Positive	Negative
Idę do kina.	**Nie idę do kina.** I'm not going to the cinema.
Wiem, gdzie on mieszka.	**Nie wiem, gdzie on mieszka.** I don't know where he lives.
Bank jest czynny.	**Bank nie jest czynny.** The bank is not open.

To negate a verb which has a direct object put **nie** before the verb. Put the direct object into the *genitive* case. The direct object can be a noun (with/without adjective), or a pronoun.

Positive (acc.)	Negative (gen.)
Kocham babcię.	**Nie kocham babci.** I don't love Grandmother.
Kupuję jabłka.	**Nie kupuję jabłek.** I don't buy apples.
Mam siostry.	**Nie mam sióstr.** I have no sisters.
Zwiedzamy miasto.	**Nie zwiedzamy miasta.** We are not visiting the town.

Positive (acc.)	Negative (gen.)
Znam Annę. Znam ją.	**Nie znam Anny. Nie znam jej.**
	I don't know Anna. I don't know her.
Mamy miłą sąsiadkę.	**Nie mamy. miłej sąsiadki.**
	We don't have a nice neighbour.

The accusative case of a singular masculine 'alive' noun or a plural 'men' noun is already identical to the genitive case, so the noun does not change after a negative verb.

Mam brata, kota. (acc.)	**Nie mam brata, kota.** (gen.)	I don't have a brother, cat.
Znam braci. (acc.)	**Nie znam braci.** (gen.)	I don't know the brothers.
But: **Mam koty.** (acc.)	**Nie mam kotów.** (gen.)	I have no cats.

Answering in the negative

In negative answers, repeat **nie**. Use genitive for direct object.

Czy ojciec pracuje?	**Nie. On *nie* pracuje.**
Czy Pan zna Kraków?	**Nie. *Nie* znam KRAKOWA.**
Państwo mają rodzinę?	**Nie. *Nie* mamy RODZINY.**

Double negatives

The negative forms of **kto, co, kiedy, gdzie** (who, what, when, where) are **nikt, nic, nigdy, nigdzie**. The verb is negated with **nie** as above.

1. **Kto, co, nikt** and **nic** are pronouns, so they have various case forms.

	Kto (Who)	Nikt (No one)	Co (What)	Nic (Nothing)
Nom.	**kto**	**nikt**	**co**	**nic**
	Kto ma czas?	Nikt nie ma czasu.	Co jest tanie?	Nic nie jest tanie.
	Kto tu mieszka?	Nikt tu nie mieszka?	Co to jest?	To nie jest nic nowego.
Acc.	**kogo**	**nikogo**	**co**	**niczego/nic** *
	Kogo znacie?	Nie znamy nikogo.	Co jesz?	Nic nie jem.
	Kogo Ola kocha?	Nie kocha nikogo.	Co kupujecie?	Nic nie kupujemy.
Gen.	**kogo**	**nikogo**	**czego**	**niczego**
	Kogo Pan szuka?	Nikogo nie szukam.	Czego szukacie?	Niczego nie szukamy.

* For direct object after negative verbs, you can use *nic* instead of *niczego*.

Czego and preposition **dla** make **Dlaczego?** The dative case form **Czemu?** often replaces Dlaczego? in speech, e.g. *Czemu jesteś smutny?* Why are you sad?

2. **Nigdy** and **nigdzie** never change.

Kiedy masz urlop?	**Nigdy nie mam urlopu.**
Kiedy wstajesz wcześnie?	**Nigdy nie wstaję wcześnie.**
Gdzie pracujesz?	**Nigdzie nie pracuję.**
Gdzie jest Janek?	**Nigdzie nie ma Janka.**

3. Adjective *żaden* means 'not a single/none at all'. It is used with **nie**. Any direct object stands in the genitive case. Note the special plural 'men' form *żadni*.

Żaden lekarz *nie* jest mądry.	*Żadna* pani *nie* śpiewa.	*Żadne* kino *nie* jest tanie.
Żadni lekarze *nie* pracują.	*Żadne* pani *nie* czekają.	

Jaki książki czytasz?	*Nie* czytam *żadnych książek.*
Mamy pieniądze.	*Nie* mamy *żadnych pieniędzy.*
Czy jest autobus?	**Nie,** *nie* ma *żadnego autobusu.*
Czy kochasz Martę?	**Nie,** *nie* kocham *żadnej dziewczyny.*

There is/are

In the positive 'there is' is **jest** and 'there are' is **są**.

U babci jest duża kuchnia.   There is a big kitchen at Granny's.

Tu są ładne ogrody.   There are nice gardens here.

But we cannot say **nie jest** and **nie są**. We use the *singular* **ma** of verb **mieć**, and the genitive case.

U babci *nie ma* dużej kuchni.
There is no big kitchen at Granny's.

Tu *nie ma* ładnych ogrodów.
There are no nice gardens here.

Note that we can say *nie jest* and *nie są* when not translating 'there is/ are'.

Marek nie jest bogaty.   Mark is not rich.

Dzieci nie są u babci.   The children are not at Granny's.

Negative of always, everyone, everything, everywhere

Positive statement containing

zawsze always   **wszędzie** everywhere

wszyscy everyone   **wszystko** everything

are negated like this.

Zawsze kupuję jabłka.   **Nigdy nie** kupuję *jabłek* (gen.).

Wszędzie są parki.   **Nigdzie nie** ma *parków* (gen.).

Wszyscy kupują gazety.   **Nikt nie** kupuje *gazet* (gen.).

Wszystko jest tanie.   **Nie** ma **nic** *taniego* (gen.).

'Something/nothing' plus adjective

coś (something) is **co** with extra **ś**. It behaves like **co** but *always* has a genitive case adjective.

Positive **coś**   *Negative* **nic**

Mam coś nowego.   **Nie mam nic nowego.**
I have nothing new.

Kupuję coś słodkiego.   **Nie kupuję nic słodkiego.**
I don't buy anything sweet.

You can combine **nic** with the double negatives.

Nikt nie ma *nic ciekawego.*   No one has anything interesting.

Nigdy nie kupujemy *nic drogiego.*   We never buy anything expensive.

Conjunctions

Coordinating conjunctions join words, phrases or clauses which have an identical grammatical function. Subordinating conjunctions, like *kiedy* and *gdzie* in Unit 16, introduce noun clauses or adverbial clauses.

Coordinating conjunctions					
i	and [linking]	**i ..., i**	both ... and	**albo/lub**	or
, a	and [contrasting]/but	**albo ..., albo**	either ... or	**, ale**	but
oraz	and [at the same time]	**ani ..., ani nie**	neither ... nor		

i links related objects/ideas; also actions performed by the same subject.

a links contrasting objects/ideas; also contrasting actions with the same or different subjects.

ani ... ani must be preceded or followed by negative verb.

You need a comma before the second of two identical conjunctions, before **ale** and **a** and before every **i** in a series, except the first.

Idę do sklepu *i kupuję* chleb.
I go to the shop and buy bread.

Jem jabłka *i* banany, *i* gruszki.
I eat apples and bananas and pears.

***I* Piotr, *i* Maria mają dzieci.**
Both Peter and Mary have children.

Antek jest wysoki, *a* Marcin jest niski.
Antek is tall and [but] Martin is short.

Dzisiaj pracuję, *a* jutro jestem wolny.
I'm working today and [but] am free tomorrow.

Pracuję tu *albo* tam.
I work here or there.

Syn *albo* czyta, *albo* słucha radia.
My son either reads or listens to the radio.

Czytam książki *lub* czasopisma.
I read books or periodicals.

Telewizor jest drogi, *ale* nie dobry.
The television is expensive but not good.

***Nie* mam *ani* herbaty, *ani* cukru.**
I have neither tea nor sugar.

Wesołych Świąt *oraz* Szczęśliwego Nowego Roku.
Merry Christmas and a Happy New Year.

Exercise 1

Put into the negative, e.g. Danka ma białą sukienkę.   *Danka nie ma białej sukienki.*

1.   Marta ma przystojnego brata.
2.   Profesor zna młodą nauczycielkę.
3.   Kasia ma dobrego syna.
4.   Pani ma grzeczną córkę.
5.   Tomek kocha czarnego kota.
6.   Dziecko kupuje sok owocowy.
7.   Matka wita starego przyjaciela.
8.   Ciocia ma duże mieszkanie.
9.   Wujek kupuje nowy samochód.
10.   Gotuję zupę pomidorową.

Exercise 2

Use *nikt*, *nigdy*, *nigdzie* plus *nie* to give each sentence an opposite meaning. Put any direct object into the genitive case.

1.   Zawsze fotografujemy góry.
2.   Wszędzie są lasy.
3.   Wszyscy jedzą pierogi.
4.   Wszędzie są bloki.
5.   Zawsze jem ciastka.
6.   Wszyscy mają pieniądze.

Exercise 3

Rewrite to give the same meaning, e.g.

Wszystko jest tanie.   *Nie ma nic drogiego.*
Nie ma nic złego.   *Wszystko jest dobre.*

1.   Wszystko jest łatwe.
2.   Nie ma nic dobrego.
3.   Wszystko jest ładne.
4.   Nie ma nic nowego.
5.   Wszystko jest ciepłe.
6.   Nie ma nic taniego.

Exercise 4

Rewrite, using *i, i* or *ani, ani*, e.g.

Dziecko kocha (matka, ojciec).   Dziecko kocha i matkę, i ojca.
On nie ma (rower, samochód).   On nie ma ani roweru, ani
                                 samochodu.

1. Nie kupuję (gazety, czasopisma).
2. Jemy (kiełbasa, szynka).
3. Teresa nie ma (pies, kot).
4. Matka kocha (syn, córka).
5. Nie pakuję (skarpety, buty).
6. Stasia pakuje (spódnica, bluzka).
7. Nie zwiedzamy (zamek, kościół).
8. Nie odwiedzam (babcia, ciotka).

Exercise 5

Complete the rhymes. Put the bracketed words into the genitive case.

Biedna ciocia Anka nie ma ani (dzbanek),
Ani (filiżanki), ani żadnych (szklanki).
Więc ciocia nie pije* (kawa) ani (woda),
Tylko sok jabłkowy z kartonu – dla (uroda).
* From verb *pić*.

Indirect object (singular); verbs with present tense -ę, -y, -ą

Dative for indirect object

The *indirect object* specifies 'to' or 'for' someone. In Polish, these words are omitted. Instead, the indirect object stands in the dative case. We can often reverse the order of direct and indirect objects.

Daję	**książkę**	*Jankowi.*	I give	the book	*to Janek.*
	[Acc.]	[Dat.]		[dir. obj.]	[indir. obj.]
Daję	*Jankowi*	**książkę.**	I give	*Janek*	the book.
	[Dat.]	[Acc.]		[indir. obj.]	[dir. obj.]
Kupuję	**rower**	*Magdzie.*	I'm buying	a bike	*for Magda.*
	[Acc.]	[Dat.]		[dir. obj.]	[indir. obj.]
Kupuję	*Magdzie*	**rower.**	I'm buying	*Magda*	a bike.
	[Dat.]	[Acc.]		[indir. obj.]	[dir. obj.]

In the dative singular many consonants change when the dative ending is -e. However, these changes also occur in the locative case (Unit 32) and soon become familiar. If you cannot find a word in the dictionary, try applying the change backwards, e.g. to find **matce** you look up **matka**.

Masculine singular

The dative singular ending of masculine nouns is usually -owi, though
-u, -e and -ie also occur. Penultimate e is usually lost. An ó in the final
syllable usually becomes o; an ą usually becomes ę.

Ending	When used	Examples
owi	Most nouns.	Polak: Polakowi sąsiad: sąsiadowi Marek: Markowi mąż: mężowi
iowi	After ´ accent (accent lost, i added)	koń: koniowi uczeń: uczniowi gość: gościowi
u	A few old, mainly monosyllabic nouns.	brat: bratu świat: światu pan: panu kot: kotu ojciec: ojcu chłopiec: chłopcu pies: psu Bóg: Bogu ksiądz: księdzu
y	Nouns in **-ca**.	kierowca: kierowcy
e	Nouns in **-ga** use **-dze**.	kolega: koledze
	Nouns in **-ka** use **-ce**.	kaleka: kalece
ie	Nouns in **-ta** use **-cie**.	poeta: poecie
	Nouns in **-sta** use **-ście**.	dentysta: dentyście
	Nouns in **-zna** use **-źnie**.	mężczyzna: mężczyźnie

Example	Nominative	Dative
	Sąsiad jest biedny. My neighbour is poor.	**Pożyczam *sąsiadowi* samochód.** I lend my neighbour my car.
	Kolega nie ma pracy. My friend has no work.	**Kupuję *koledze* obiad.** I buy lunch for my friend.
	Mężczyzna pracuje. The man is working.	**Żona podaje *mężczyźnie* herbatę.** The wife gives the man some tea.

Feminine singular

1. The dative singular of feminine nouns ending in one of the consonants below + -a has a consonant change, namely:

Original	Change	Examples	
ła	**le**	szkoła: szkole	
sła	*śle*	Wisła: Wiśle	
sn	**śnie**	sosna: sośnie	
ta	**cie**	kobieta: kobiecie	Agata: Agacie
sta	*ście*	kapusta: kapuście	lista: liście
da	**dzie**	Wanda: Wandzie	Magda: Magdzie
zda	*ździe*	gwiazda: gwieździe	
zna	*źnie*	bielizna: bieliźnie	ojczyzna: ojczyźnie
ra	**rze**	siostra: siostrze	Barbara: Barbarze
ka	**ce**	Polska: Polsce	Anka: Ance
ga	**dze**	droga: drodze	podłoga: podłodze
cha	**sze**	mucha: musze	
-ba, -fa, -ma, -na, -pa, -sa,	**-bie, -fie, -mie, -nie, -pie, -sie,**	osoba: osobie Józefa: Józefie	prasa: prasie
-wa, -za	**-wie, -zie**	mama: mamie Anna: Annie Europa: Europie	Ewa: Ewie koza: kozie

s becomes **-ś** before **-mie, -nie, -cie, -le. z** becomes **-ź** before **-dzie, -nie**.

2. However, in all other feminine nouns the dative singular is like the genitive (Unit 11).

Example	Nominative	Dative
– with consonant change	*Siostra* ma urodziny. My sister has a birthday.	Daję *siostrze prezent*. I give my sister a present.
	Magda nie pracuje. Magda doesn't work.	Pożyczam *Magdzie* pieniądze. I lend Magda some money.
	Matka jest miła. The mother is kind.	Ala daje *matce* kwiaty. Ala gives flowers to her mother.
	Kobieta kupuje owoce. The woman is buying fruit.	Podaję *kobiecie* owoce. I hand the woman the fruit.

Example	Genitive	Dative
– as Gen. sing.	To są *Kasi* lody. This is Kate's ice cream. [nom. *Kasia*]	Daję *Kasi* lody. I give Kate ice cream.
	To jest *babci* recepta. This is Granny's prescription. [nom. *babcia*]	Lekarz daje *babci* receptę. Doctor gives granny a prescription.

Neuter singular

Most nouns take the ending -u. In practice, the indirect object is rarely a neuter noun unless it is a person or animal. Nouns in -um do not change.

Ending	When used	Examples
u	Nouns in -o, -e, -ie.	państwo: państwu dziecko: dziecku pole: polu życie: życiu

Ending	When used	Examples
ieniu	Most nouns in **-ię**.	imię: imieniu ramię: ramieniu *But*: jagnię: jagnięciu źrebię: źrebięciu prosię: prosięciu
ęciu	Nouns in **-ę**.	zwierzę: zwierzęciu dziewczę: dziewczęciu niemowlę: niemowlęciu

Example	*Nominative*	*Dative*
	Prosię jest głodne. The piglet is hungry.	**Dajemy *prosięciu* siano.** We give the piglet hay.
	Dziecko je obiad. The child is eating lunch.	**Matka daje *dziecku* zupę.** Mother gives the child some soup.

Many Polish verbs take an indirect object; some also a direct object, e.g.

dawać	give	**dokuczać***	annoy
oddawać	give back	**odpowiadać***	reply (na + acc.)
podawać	hand	**opowiadać**	tell story
sprzedawać	sell	**pomagać***	help
dziękować*	thank (za + acc.)	**pożyczać**	lend
kupować	buy	**ufać***	trust
obiecywać	promise	**wręczać**	hand, present
pokazywać	show	**wysyłać**	send
		zabierać	take from

Unit 21 explains these verbs.
* Cannot take direct object.

These verbs behave like *mieszkać*.

Verbs with present tense endings -ę, -y, -q

This group of verbs, mostly imperfective in meaning, usually ends in -yć, though some -eć verbs also belong here. The verb stem often ends in -cz, -szcz, -sz, -ż, -żdż or -rz. No consonant or vowel changes occur in any tense. These four useful -yć verbs can take an indirect object.

Person	Ending	wierzyć (believe)	tłumaczyć (translate, explain)	życzyć* (wish)	służyć (serve)
ja	-ę	wierzę	tłumaczę	życzę	służę
ty	-ysz	wierzysz	tłumaczysz	życzysz	służysz
on/ona/ono	-y	wierzy	tłumaczy	życzy	służy
my	-ymy	wierzymy	tłumaczymy	życzymy	służymy
wy	-ycie	wierzycie	tłumaczycie	życzycie	służycie
oni/one	-ą	wierzą	tłumaczą	życzą	służą

Wierzę *koledze.*   I believe my friend.

Jan tłumaczy książkę   John explains the book
siostrze.   to his sister.

Marta służy *gościowi.*   Marta serves the guest.

Rodzice życzą *dziecku*   The parents wish the child
zdrowia.   health.

* The direct object of **życzyć** stands in the **genitive** case.

Życzę Panu (dat.) *szczęścia* (gen.). I wish [to] you [of] happiness.

Dative case of adjectives (singular)

Adjectives in -y, -a, -e differ from those in -i, -a, -ie (notice the i). Masculine and neuter singular are identical.

1. Adjectives in **-y**, **-a**, **-e**

Masc.	Fem.	Neut.
-emu	**-ej**	**-emu**

2. Adjectives in **-i**, **-a**, **-ie**, and those few ending in **-i**, **-ia**, **-ie**

Masc.	Fem.	Neut.
-iemu	**-iej**	**-iemu**

	Masc.	Fem.	Neut.
Nom.	**dobry polski** student, ojciec, kierowca, kolega	**dobra polska** matka, kobieta, babcia, melodia, pieśń, pani	**dobre polskie** dziecko, życie, imię, zwierzę
Dat.	**dobremu polskiemu** studentowi, ojcu, kierowcy, koledze	**dobrej polskiej** matce, kobiece, babci, melodii, pieśni, pani	**dobremu polskiemu** dziecku, życiu, imieniu, zwierzęciu

Dative case of *Kto/Co/Nikt/Nic*

Kto becomes **komu**; **co** becomes **czemu** (often replaces *Dlaczego?*).

Nikt becomes **nikomu**; **nic** becomes **niczemu**.

Komu ufasz?	Whom do you trust?
Nikomu nie wierzę.	I believe no one.
Czemu nie jesz?	Why are you not eating?

Exercise 1

Put the nouns in the dative case.

(a) Komu dziękuje Marcin? Dziękuje _____ (Polka, koleżanka, Jadwiga, kolega, siostra, Barbara, poeta, Danuta, turysta).

(b) Komu ufa Ola? Ufa _____ (ciocia, Basia, Zuzia, pani, Izabela, Zofia, Alicja).

(c) Komu dokucza Piotr? Dokucza _____ (ojciec, brat, pies, kot, chłopiec, pan).

Exercise 2

Answer the question, putting the indirect object into the dative case, e.g.

Komu ojciec kupuje lody? (kochany syn)   *Kochanemu synowi.*

1. Komu przyjaciel pożycza pieniądze? (biedny przyjaciel)
2. Komu profesor wręcza nagrodę? (angielski uczeń)
3. Komu gospodarz podaje rachunek? (polski gość)
4. Komu sprzedawca sprzedaje słownik? (młody Anglik)
5. Komu dziadek daje prezent? (mały wnuczek)
6. Komu sąsiadka pokazuje zdjęcie? (stary sąsiad)
7. Komu żona dziękuje? (miły mąż)
8. Komu lekarz daje receptę? (chory pacjent)

Exercise 3

Rewrite using the correct form of the verb and of the indirect object.

e.g. Dziecko (pokazywać) (ojciec) zabawkę. Dziecko pokazuje *ojcu* zabawkę.

1. Kelnerka (podawać) obiad (mężczyzna).
2. Mąż (kupować) (żona) kwiaty.
3. Żona (dziękować) (mąż).
4. Marek (pomagać) (kolega).
5. My (opowiadać) bajkę (dziecko).
6. Chłopiec (pożyczać) ołówek (dziewczyna).
7. Listonosz (dawać) (pan) list.
8. Studenci (oddawać) książki (nauczyciel).
9. Dziecko (podawać) zeszyt (nauczycielka).
10. Wnukowie (odpowiadać) (dziadek) na pytanie.

Exercise 4

Put the best adjective, of the *correct gender*, in the gap. Then rewrite, using the correct form of the verb and indirect object, e.g.

Ja (tłumaczyć) opowieść (_____ siostra). Ja *tłumaczę* opowieść *głupiej siostrze*.

nieszczęśliwa kochana nowy miły zła głupia chore bogaty

1. On zawsze (życzyć) (_____ kolega) „Szerokiej drogi".
2. Pielęgniarki (służyć) (_____ dziecko).
3. Wy (życzyć) (_____ koleżanka) szczęścia.
4. Ja nigdy nie (wierzyć) (_____ sąsiadka).
5. Nauczycielka (tłumaczyć) książkę (_____ student).
6. Czy Maryla (służyć) (_____ gość)?
7. My (życzyć) (_____ babcia) „Sto lat".

Indirect object (plural); dative case prepositions

The dative plural has the same set of endings for all genders. We make it from the *genitive singular without its ending*. So, vowel changes present in the genitive singular, e.g. loss of penultimate e or changes from ó to o or ą to ę, recur here (*pies: ps-a* gives *psom*; *wróg: wrog-a* gives *wrogom*; *gałąź: gałęz-i* gives *gałęziom*). Do not make it from the nominative plural; many 'men' nouns have a consonant change here, e.g. *Polak: Polacy*.

Ending	When used	Examples
om	Most nouns ending in consonant without ´ accent.	ojciec: ojcom kolega: kolegom mąż: mężom okno: oknom wujek: wujkom matka: matkom muzeum: muzeom
	Nouns in **-in** lose this, Rosjanin: Rosjanom.	chłopiec: chłopcom
		But: dziecko: dzieciom przyjaciel: przyjaciołom ludzie (pl.): ludziom rodzice (pl.): rodzicom
iom	After ´ accent (accent lost, **i** added).	koń: koniom uczeń: uczniom gałąź: gałęziom gość: gościom łódź: łodziom pieśń: pieśniom dzień: dniom tydzień: tygodniom
	Nouns in **-i, -ia, -ie**.	pani: paniom babcia: babciom zdjęcie: zdjęciom kuchnia: kuchniom

Ending	When used	Examples
ionom	Nouns in **-ię** add **-om** to true stem ending **-ion**.	imię: imionom ramię: ramionom *But*: jagnię: jagniętom źrebię: źrebiętom prosię: prosiętom
ętom	Nouns in **-ę** add **-om** to true stem ending **-ęt**.	zwierzę: zwierzętom dziewczę: dziewczętom kurczę: kurczętom

Example	Nominative	Dative
	Sąsiedzi są biedni. My neighbours are poor.	**Pożyczam *sąsiadom* samochód.** I lend my neighbours my car.
	Koledzy nie mają pieniędzy. My friends have no money.	**Kupuję *kolegom* obiad.** I buy lunch for my friends.
	Mężczyźni pracują. The men are working.	**Podaję *mężczyznom* herbatę.** I give the men some tea.
	Matki są miłe. Mothers are kind.	**Córki dają *matkom* kwiaty.** Daughters give flowers to mothers.

Dative case of adjectives (plural)

All genders use the same endings. Adjectives in -y, -a, -e differ from those in -i, -a, -ie (notice the i).

1. Adjectives in -y, -a, -e

   -ym

2. Adjectives in -i, -a, -ie, and those few ending in -i, -ia, -ie

   -im

	Nominative Plural	Dative Plural
Masc.	**dobrzy polscy panowie**	**dobrym polskim panom**
Fem.	**piękne młode panie**	**pięknym młodym paniom**
Neut.	**głupie małe dzieci**	**głupim małym dzieciom**

Dative case prepositions

A few prepositions (only *dzięki* and *przeciw* are common) are followed by the dative case.

dzięki	thanks/due to, as a result of	ku	towards*
przeciw[ko] #	against, in opposition to	wbrew	contrary to

Dzięki ojcu mam dom.
I have a house thanks to my father.

Dzięki pielęgniarkom jest zdrowa.
Thanks to the nurses she is well.

Policjanci działają przeciw złodziejom.
Policemen oppose thieves.

Oficer nie działa wbrew rozkazom.
An officer does not act contrary to orders.

Ku is often replaced by **do** + **genitive**, or the sentence is rephrased e.g.

Droga prowadzi ku wiosce **do wioski.**
The road leads to the village.

Wakacje zbliżają się ku końcowi **kończą się.**
The holidays are ending.

Used in phrases like *Kto jest po, a kto przeciw?* (Who is for, and who against?)

* Remains in phrases like *ku pamięci* (in memory of) and *ku czci* (in honour of).

Exercise I

Complete, inserting the dative *plural* of the nouns.

(a) Komu Wojtek pomaga? Pomaga _____ (sąsiad, lekarz, robotnik, pani, sklepikarka, siostra, zwierzę, Polak, Francuz, Amerykanin, człowiek).

(b) Komu dajecie pieniądze? Dajemy pieniądze _____ (synowie, córki, koledzy, nauczyciele, profesorowie, dzieci, dziewczynki, rodzice, przyjaciele).

Exercise 2

Put the correct dative plural ending on each adjective before the noun *kolegom*.

Piotr kupuje prezent dobr ____ , drog ____ , mił ____ , angielsk ____ , now ____ , głup ____ , francusk ____ , młod ____ , wesoł ____ , smutn ____ kolegom.

Exercise 3

Rewrite in the plural.

1. Student dziękuje miłemu nauczycielowi.
2. Nie ufam złemu sąsiadowi.
3. Kiedy oddajesz książkę pięknej koleżance?
4. Czy on pomaga małemu dziecku?
5. Ona pokazuje zdjęcie polskiemu człowiekowi.
6. Dziadek opowiada bajkę grzecznemu wnukowi.
7. Kelner podaje obiad głodnemu mężczyźnie.
8. Matka wysyła paczkę biednemu synowi.
9. Brat dokucza głupiej siostrze.

More verbs with present tense -ę, -y, -ą

We met some verbs in this group, ending in **-yć**, in Unit 23. Here are some more, and three whose infinitive ends in **-eć**, but which also belong here. All twelve verbs are imperfective. All take a direct object (accusative case), apart from *uczyć*. Here the thing taught stands in the genitive case, the person taught stands in the accusative, e.g. *Uczę siostrę polskiego* (I teach my sister Polish).

Uczyć and *kończyć* can be followed by an infinitive, e.g. *Uczę siostrę tańczyć. Kończymy czytać.*

Person	Ending	słyszeć (hear)	leżeć (lie)	krzyczeć (shout) [at = *na* + acc.]
ja	-ę	**słyszę**	**leżę**	**krzyczę**
ty	-ysz	**słyszysz**	**leżysz**	**krzyczysz**
on/ona/ono	-y	**słyszy**	**leży**	**krzyczy**
my	-ymy	**słyszymy**	**leżymy**	**krzyczymy**
wy	-ycie	**słyszycie**	**leżycie**	**krzyczycie**
oni/one	-ą	**słyszą**	**leżą**	**krzyczą**

Ojciec krzyczy [na matkę].   Father shouts [at mother].

Słyszymy muzykę.   We hear the music.

Kot leży obok psa.   The cat is lying beside the dog.

kończyć	end	**straszyć**	frighten	**uczyć**	teach
liczyć	count	**suszyć**	dry	**ważyć**	weigh

Person	Ending	słyszeć (hear)	leżeć (lie)	krzyczeć (shout) [at = na + acc.]

| patrzyć* | look | tańczyć | dance | znaczyć | mark, mean |

Kończymy pracę.	Pies straszy dziecko.	Uczę historii.
Liczę pieniądze.	Suszę bieliznę.	Matka waży mąkę.
Patrzysz na zdjęcie.	Dzieci tańczą.	Płot znaczy drogę.
		Co to znaczy?

* Has alternative infinitive **patrzeć**. [at = na + Acc.]

Exercise 1

Insert the correct form of the italicised verb in the gap.

1. Kto *liczy* pieniądze? Rodzice je _____ .
2. Kto *uczy* tutaj? Nauczycielki _____ tutaj.
3. Kto *straszy* dzieci? Duzi chłopcy je _____ .
4. Kto *waży* jabłka. My je _____ .
5. Co *znaczy* drogę? Drogowskazy _____ drogę.
6. Kto *kończy* lekcję? Ty _____ lekcję.
7. Kto *tańczy*? Maciej i Halina _____ .
8. Co tam *leży*? Zeszyty tam _____ .

Exercise 2

Give negative answers. Put any direct object into the genitive case, e.g.

Czy słyszysz głosy? Nie, nie *słyszę głosów.*

1. Czy patrzycie na obraz? Nie, nie _____.
2. Czy liczysz pieniądze? Nie, nigdy _____.
3. Czy kończysz pracę? Nie, nie _____.
4. Czy tańczycie dzisiaj? Nie, nigdy _____.
5. Czy krzyczysz na dziecko? Nie, nigdy _____.
6. Czy ważycie owoce? Nie, nie _____.
7. Czy uczysz dziecko? Nie, nie _____.
8. Czy suszycie bieliznę? Nie, nie _____.

Exercise 3

Put the verb in the gap to match the subject.

1. wy _____ (leżeć).
2. on _____ (patrzyć).
3. oni _____ (liczyć).
4. my _____ (krzyczyć).
5. ty _____ (straszyć).
6. ja _____ (ważyć).

7. ona _____ (słyszeć).
8. wy _____ (uczyć).
9. ja _____ (tańczyć).
10. ono _____ (znaczyć).
11. my _____ (kończyć).
12. one _____ (suszyć).

Exercise 4

Select the best verb to fill each gap. Only *one* verb in each pair fits somewhere. Use it *once*.

patrzę	kończysz	liczy	służy	krzyczy	wierzy	uczy
patrzymy	kończycie	liczą	służą	krzyczą	wierzą	uczą

słyszy	życzy
słyszą	życzą

1. Nauczyciel _____ zeszyty.
2. Piotr nie _____ radia.
3. My _____ na obraz.
4. Tomek _____ na psa.
5. Marta _____ języka polskiego.
6. Maria _____ matce „Sto lat".
7. Kelnerki _____ gościom.
8. Kiedy ty _____ lekcję?
9. Rodzice _____ bratu.

Exercise 5

Rewrite the text in the positive (see Unit 22). Put any direct object into the accusative case.

Nikt nie jest zadowolony. Nikt nie ma ani czasu, ani pieniędzy. Nikt nie kupuje kolegom prezentów. Nikt nie odwiedza rodziny. Nikt nie zwiedza dalekich krajów. Nikt nie czyta pięknych książek. Nigdy nie ma ani autobusu, ani pociągu. Nigdy nie ma ciepłej, słonecznej pogody. Dzieci nigdy nie pomagają rodzicom. Nigdzie nie ma grzecznych ludzi. Nigdzie nie ma tanich mieszkań. Żadni sklepikarze nie sprzedają tanich rzeczy.

Dative case of pronouns

Dative case pronouns

These pronouns replace the indirect object, which contains the meaning 'to' and 'for'.

	Singular					Plural			
	I	you	he	she	it	we	you	they (men)	they (non-men)
Nom.	**ja**	**ty**	**on**	**ona**	**ono**	**my**	**wy**	**oni**	**one**
Dat.	**mi**	**ci**	**mu**	**jej**	**mu**	**nam**	**wam**	**im**	**im**
[to/for]	me	you	him	her	it	us	you	them	them

Mi, ci, mu cannot start a sentence nor carry the sentence stress. In such situations use the *emphatic* forms **mnie, tobie, jemu**.

Kupuję ojcu krawat.
I buy a tie for father.

Daję matce krawat.
I give flowers to mother.

Oddaję kolegom rower.
I return the bike to my friends.

Kupuję mu krawat.
I buy a tie for him.

Daję jej kwiaty.
I give flowers to her.

Oddaję im rower.
I return the bike to them.

Nie ufam mu.
I don't trust him.

Wierzę ci.
I believe you.

Pożycza mi książki.
He lends me books.

Nie ufam *jemu.*
I don't trust *him.*

Tobie **nie wierzę.**
I don't believe *you.*

Mnie nie **pożycza książek.**
He doesn't lend *me* books.

Dative case prepositional pronouns

A different set of pronouns is used after dative case prepositions, e.g.
dzięki, przeciw. They all begin with 'n', a historical remnant (e.g. *on +
jemu = niemu*). Only *him*, *her*, *it* and *them* exist. For other persons, use
the forms shown, explained above.

	Singular					Plural			
	I	*you*	*he*	*she*	*it*	*we*	*you*	*they (men)*	*they (non-men)*
Nom.	**ja**	**ty**	**on**	**ona**	**ono**	**my**	**wy**	**oni**	**one**
Dat.	MNIE	TOBIE	*niemu*	*niej*	*niemu*	nam	wam	*nim*	*nim*
	me	*you*	*him*	*her*	*it*	*us*	*you*	*them*	*them*

Preposition plus noun	Preposition plus pronoun
Dzięki *bratu* jestem bogaty.	Dzięki *niemu* jestem bogaty.
Dzięki *sąsiadce* mam dom.	Dzięki *niej* mam dom.
Dzięki *kolegom* mamy pracę.	Dzięki *nim* mamy pracę.
Policjant działa przeciw	Policjant działa przeciw
złodziejowi/złodziejom.	*niemu/nim.*

Expressing emotions and body temperature

Polish often uses impersonal expressions, e.g. 'It is cold to me' or 'It is
needful to him . . .' where English says 'I am/feel cold' or 'He needs . . .'.
Such expressions use the *he/she/it part* of **być** (often omitted in short
sentences in the present tense). The <u>feeling</u> is expressed with an <u>adverb</u>.
The *person* is in the *dative* case, e.g. It is sad *to me*.

Jest *mi* <u>źle/słabo</u>.	I feel ill/faint.
Jest *mi* <u>głupio</u>.	I feel stupid.
***Tomkowi* jest <u>duszno</u>.**	Tom needs some air.

Smutno *mi* (jest).	I feel sad.
Miło *nam* jest tam.	We like being there.
Paniom jest **wesoło**.	The ladies enjoy it.
Jest *jej* **zimno/gorąco**.	She's cold/hot.
Im jest tam **dobrze/niedobrze**.	They are happy/unhappy there.
Łatwo *mu* jest rysować.	He finds drawing easy.
Trudno (jest) żyć bez pieniędzy.	It's difficult to live without money.

Other impersonal expressions

Some contain the relexive pronoun *się* (Unit 27); others are followed by the genitive case.

Nudzi *mi* **się. Chce** *mi* **się jeść.**	**Brak** *mi* **(jest) przyjaciół.** [gen.]
I am bored. I want to eat.	I'm short of friends.
Zdaje *mi* **się, że jest mróz.**	**Brakuje** *ci* **czasu.** [gen.]
I think that there's a frost.	You lack time.
Jest *mu* **wstyd, że jest biedny.**	**Żal** *nam* **(jest) córki.** [gen.]
He's ashamed of being poor.	We feel sorry for the daughter.

Exercise 1

Replace the *dative case nouns* with pronouns.

Daję prezent *dziecku, siostrze, bratu, niemowlęciu, Agacie, artyście, nauczycielowi, matce, ojcu, nauczycielce.*

Exercise 2

Replace each bracketed noun with a pronoun.

1. Dzięki (lekarz) jestem zdrów.
2. Dzięki (profesorowie) jesteśmy mądrzy.
3. Dzięki (koledzy) umiem pływać.
4. Dzięki (koleżanka) znam język polski.
5. Dzięki (pan) wiem, gdzie jest sklep.
6. Dzięki (siostry) mam rower.

7. Dzięki (babcia) jem pyszne ciasto.
8. Dzięki (rodzice) mamy pieniądze.

Exercise 3

Change the given nominative case pronoun into the dative case.

1. Czy kupujesz (on) prezent?
2. Kiedy oddajesz (ona) książkę?
3. Opowiadam (ty) bajkę.
4. Czy pożyczasz (oni) komputer?
5. Wszyscy życzą (my) szczęścia.
6. Nigdy nie dajemy (one) leków.
7. Wysyłamy (wy) list.
8. Dlaczego (ja) nie wierzysz?

Exercise 4

Insert a pronoun to reflect the subject.

1. Koleżanki słuchają muzyki. Jest _____ wesoło.
2. Masz temperaturę. Czy jest _____ gorąco?
3. Dziewczyna ma cienki płaszcz. Jest _____ zimno.
4. Jesteśmy zajęci. Brak _____ czasu.
5. Tutaj nie ma powietrza. Jest _____ (ja) duszno.
6. Panie patrzą na biedne dziecko. Jest _____ żal dziecka.
7. Maciej jest chory. Jest _____ niedobrze.
8. Lekarze pracują. Brak _____ czasu na wakacje.
9. Piotr nie ma kolegów. Jest _____ smutno.
10. Babcia jest stara. Jest _____ słabo.
11. Jesteście biedni. Brakuje _____ pieniędzy.
12. Ona nie ma samochodu. Jest _____ trudno podróżować.

Pronoun się; verbs with present tense -ię/ę, -i, -ią/ą

Reflexive się

Reflexive verbs reflect their action back to the subject, e.g. 'to amuse *oneself*, dress *oneself*'. Polish has many such verbs. They occur in all verb groups and obey the tense rules given for non-reflexive verbs. The reflexive pronoun się translates 'myself', 'yourself', etc. It never changes.

	ubierać się (get dressed)*	uczyć się (learn)**	bawić się (play)	
ja	ubieram	uczę	bawię	
ty	ubierasz	uczysz	bawisz	
on/ona/ono	ubiera **się**	uczy **się**	bawi **się**
my	ubieramy	uczymy	bawimy	
wy	ubieracie	uczycie	bawicie	
oni/one	ubierają	uczą	bawią	

*Sim.: nazywać się (be called) **Sim.: cieszyć się (rejoice)
      mieć się (to be) [health]

Some verbs are always reflexive, e.g. **bać się** (be afraid), **opiekować się** (look after). Other verbs have two forms – ordinary and reflexive – with different meanings, e.g. **uczyć** (teach) – **uczyć się** (learn); **nadawać** (post) – **nadawać się** (be suitable). It can be unclear why a Polish verb is reflexive.

Verbs with present tense in -ię, -i, -ią (all listed are imperfective)

Many Polish verbs, including many reflexive verbs, end in -bić, -mić, -nić, -pić or -wić. The i of the infinitive ending remains in the present tense.

Person	Ending	robić* (make, do)	mówić (say)	dzwonić (ring)	wątpić (doubt)
ja	-ię	robię	mówię	dzwonię	wątpię
ty	-isz	robisz	mówisz	dzwonisz	wątpisz
on/ona/ono	-i	robi	mówi	dzwoni	wątpi
my	-imy	robimy	mówimy	dzwonimy	wątpimy
wy	-icie	robicie	mówicie	dzwonicie	wątpicie
oni/one	-ią	robią	mówią	dzwonią	wątpią

* Usually means 'do' in sense of 'occupy oneself', e.g. *Co robisz jutro?* Where English says 'make a cake/dress' Polish is more precise – *piec ciasto* (bake a cake) and *szyć suknię* (sew a dress).

Similarly:

bawić się	(play)	**martwić (się)**	(worry)
dziwić się	(be amazed)	**śnić**	(dream)
gonić	(chase)	**żenić się**	(marry a wife)
lubić	(like)		

Verbs with present tense in -ę, -i, -ą (all listed are imperfective)

Some, including many reflexive verbs, end in -cić, -lić, -dzić. They lose the i in the *ja* and *oni* parts.

Person	Ending	płacić (pay)	chodzić (go, walk)	chwalić (praise)
ja	-ę	płacę	chodzę	chwalę
ty	-isz	płacisz	chodzisz	chwalisz
on/ona/ono	-i	płaci	chodzi	chwali
my	-imy	płacimy	chodzimy	chwalimy
wy	-icie	płacicie	chodzicie	chwalicie
oni/one	-ą	płacą	chodzą	chwalą

Similarly:

budzić (się)	wake	**palić**	smoke, burn
golić (się)	shave	**prowadzić**	lead
kłócić się	argue	**radzić**	advise
mylić się	be wrong	**wstydzić się**	be shy
nudzić (się)	bore		

Reciprocal *się*

Się also translates 'each other/one another'.

Kochają się.	They love each other.
Znamy się.	We know one another.

Position of *się*

Usually, **się** stands after the first stressed word in the sentence or after/before its verb. In very short sentences **się** can stand at the end.

Kasia martwi *się*.	Kate is worried.
Siostra nazywa *się* Irena.	My sister is called Irene.
Dzieci czują *się* źle.	The children are ill.
Jak *się* Pani/Pan ma?	How are you?
Jan cieszy *się*.	John is happy.

Emphatic self

The emphatic 'self' is translated by the adjective **sam** which also means 'alone'.

Sam **nie wiem, gdzie mieszkają.**	I, *myself*, don't know where they live.
Matka *sama* **jest biedna.**	Mother is poor *herself.*
Oni *sami* **nic nie wiedzą.**	They, *themselves*, know nothing.
Idę *sam.*	I'm going (by) myself.
Ola *sama* **chodzi do szkoły.**	Ola goes to school by herself.
Dziecko *samo* **się ubiera.**	The child dresses by itself.
Tomek bawi się *sam.*	Tom plays alone.

Exercise 1

Rewrite with the correct verb form.

1. my (mówić)
2. ja (płacić)
3. oni (chodzić)
4. oni (palić)
5. ona (prowadzić)
6. ty (robić)
7. wy (lubić)
8. one (wątpić)
9. ja (radzić)
10. ono (dzwonić)

Exercise 2

Write the best verb in its correct form in the gap, e.g. *Marek budzi się wcześnie.*

1. **Marek** _____ **wcześnie.**
2. Kolega _____ do koleżanki.
3. Tomek i Ola _____ razem.
4. Ojciec _____ .
5. Marta _____ , bo ma stary płaszcz.
6. Ania _____ , bo nie rozumie lekcji.
7. Rodzice ciągle _____ .
8. Lekarz _____ Jan Majewski.
9. Czy wy _____ gości?
10. Studenci _____ , bo mają nagrody.
11. Dominik _____ dzisiaj.
12. Ja _____ , że nie lubisz Kasi.

kłócić się
martwić się
nazywać się
spodziewać się
cieszyć się
żenić się
bawić się
budzić się
dziwić się
uśmiechać się
wstydzić się
golić się

Exercise 3

Arrange the given words into a sentence.

1. bawić Adam sam lubi się nie.
2. dzieci szkoły matka małe do prowadzi.
3. za Marta i płacą kawę Ola.
4. niegrzecznych nie Maria chłopców lubi.
5. się polskiego uczysz czy ty?
6. do nauczyciel się studentów uśmiecha.
7. kościoła nie do chodzicie czy?
8. jutro się bo cieszy żeni Antek się.
9. dzwoni nie on mnie nigdy do.
10. nie małe palą dzieci papierosów.
11. nigdy kłócimy my nie się.
12. żona się wujek bo jest martwi chora.
13. brata bawi bez się Teresa.
14. spacery chodzimy często na my.

Exercise 4

Rewrite the bracketed words in the correct form.

Mąż (Agnieszka) nazywa się Wojtek. (Budzić się) bardzo wcześnie. (Wstawać). Idzie* do (łazienka). (Golić się) a potem się (ubierać). Idzie do (kuchnia). (Jeść) śniadanie. (Uśmiechać się) do (żona) i (całować) ją. Wojtek i Agnieszka bardzo się (kochać). Nigdy się nie (kłócić). Sąsiedzi bardzo (dziwić się), bo on jest dosyć stary a ona (mieć) tylko (20) lat.

* He goes (from verb *iść*).

Exercise 5

Put the bracketed words into the correct form in this poem.

Wuj Łukasz, znudzony, (mówić) tak do (żona)
– Wiesz, ja nie (przesadzać); dziś się (wyprowadzać).
Bo tam u (Maryśka) śliczne są (kieliszek).
Najpierw kielich (wino); potem z nią do (kino).

Instrumental case (nouns, adjectives)

The instrumental case has no equivalent in English. It is used for the noun after verbs of being, becoming and calling.

The instrumental case of nouns is made from the *genitive singular without its ending*. So, vowel changes present in the genitive singular, e.g. loss of penultimate **e** or changes from **ó** to **o** or **ą** to **ę**, recur here (*pies: ps-a* gives *psem/psami*; *wróg: wrog-a* gives *wrogem/wrogami*; *gałąź: gałęz-i* gives *gałęzią/gałęziami*).

Masculine singular

The instrumental singular ending is **-em** or **-iem** but 'men' nouns ending in **-a** take **-ą**.

Ending	When used	Examples
em	After hard stem except **k**, **g**.	syn: synem brat: bratem chłopiec: chłopcem mąż: mężem pies: psem pokój: pokojem las: lasem ojciec: ojcem
iem	After **k**, **g**.	Bóg: Bogiem pociąg: pociągiem Janek: Jankiem Polak: Polakiem Anglik: Anglikiem
	After ´ accent (accent lost, **i** added).	koń: koniem gość: gościem uczeń: uczniem gwóźdź: gwoździem *But*: dzień: dniem, tydzień: tygodniem
ą	Nouns in **-a**.	kolega: kolegą mężczyzna: mężczyzną

Feminine singular

Ending	When used	Examples
ą	Nouns in -a or -ia.	matka: matką ciocia: ciocią lekcja: lekcją droga: drogą Anna: Anną Polska: Polską
	Nouns in consonant without ´ accent add -ą.	sól: solą twarz: twarzą podróż: podróżą kolej: koleją rzecz: rzeczą mysz: myszą noc: nocą
ią	Nouns in -i add -ą.	pani: panią gospodyni: gospodynią
	After ´ accent (accent lost, i added).	nić: nicią część: częścią gałąź: gałęzią pieśń: pieśnią jesień: jesienią wieś: wsią

Neuter singular

Nouns in -um do not change.

Ending	When used	Examples
em	After hard stem (except k, g) + -o or -e.	pióro: piórem krzesło: krzesłem morze: morzem zboże: zbożem słońce: słońcem miasto: miastem
iem	Nouns in -ie, -ko, -go.	życie: życiem zdjęcie: zdjęciem jabłko: jabłkiem dziecko: dzieckiem
ieniem	Nouns in -ię extend -ię to -ieniem.	imię: imieniem ramię: ramieniem But: źrebię: źrebięciem prosię: prosięciem jagnię: jagnięciem
ęciem	Nouns in -ę alone extend -ę to -ęciem.	zwierzę: zwierzęciem dziewczę: dziewczęciem

Plural – All genders

Ending	When used	Examples
ami	Most nouns. *But*: brat: braćmi ksiądz: księżmi człowiek: ludźmi pieniądz: pieniędzmi dziecko: dziećmi przyjaciel: przyjaciółmi	syn: synami ojciec: ojcami pies: psami stół: stołami lekcja: lekcjami kolega: kolegami noc: nocami córka: córkami święto: świętami mąż: mężami muzeum: muzeami
iami	Nouns in **-i**, **-ia**, **-io**, **-ie**.	pani: paniami babcia: babciami zdjęcie: zdjęciami
	Most nouns in ´ accent (accent lost, **i** added).	wieś: wsiami pieśń: pieśniami gałąź: gałęziami uczeń: uczniami gwóźdź: gwoździami tydzień: tygodniami
mi	Some nouns (often monosyllabic) in ´ accent keep it.	gość: gośćmi kość: kośćmi liść: liśćmi nić: nićmi dłoń: dłońmi koń: końmi
ionami	Nouns in **-ię** extend **-ię** to **-ionami**.	imię: imionami ramię: ramionami *But*: źrebię: źrebiętami prosię: prosiętami jagnię: jagniętami
ętami	Nouns in **-ę** alone extend **-ę** to **-ętami**.	zwierzę: zwierzętami dziewczę: dziewczętami

Instrumental case of adjectives

An adjective associated with a noun which is in the instrumental case must also be in the instrumental case.

Below are the instrumental case endings of adjectives. Adjectives in **-y**, **-a**, **-e** differ from those in **-i**, **-a**, **-ie** (notice the **i**). Masculine and neuter singular are identical. The plural is identical for all genders.

1. Adjectives in -y, -a, -e

	Singular Masc.	Fem.	Neut.	Plural Non-men	Men
Nom.	dobry	dobra	dobre	dobre	dobrzy
Instr.	-ym	-ą	-ym	-ymi	-ymi
	dobrym	dobrą	dobrym	dobrymi	dobrymi

2. Adjectives in -i, -a, -ie, and those few ending in -i, -ia, -ie

	Singular Masc.	Fem.	Neut.	Plural Non-men	Men
Nom.	polski	polska	polskie	polskie	polscy
	ostatni	ostatnia	ostatnie	ostatnie	ostatni
Instr.	-im	-ą	-im	-imi	-imi
	polskim	polską	polskim	polskimi	polskimi
	ostatnim	ostatnią	ostatnim	ostatnimi	ostatnimi

Instrumental case of *Kto/Co/Nikt/Nic*

Kto becomes kim; co becomes czym.

Nikt becomes nikim; nic becomes niczym.

Kim jesteś?	Who are you?
Nie jestem nikim ważnym.	I'm no one important.
Czym malujesz?	What are you painting with?

Usage after 'to be' and 'to call'

After być and various verbs of 'calling' and 'esteeming', a *noun* (with or without an adjective) stands in the instrumental case. Usually, this noun is a job, rank, nationality, social/family status or the name or judgement we give to someone.

Michał jest młodym dentystą.
Michael is a young dentist.

Dana jest miłą panią.
Dana is a friendly lady.

Jest Polakiem.
He is Polish [a Pole].

Jest Polką.
She is Polish.

Łukasza nazywamy dobrym ojcem.
We call Luke a good father.

Oni są policjantami. Są Anglikami.
They are policemen.
They are English.

Do <u>not</u> use the instrumental case after *To jest/To są* or to state a proper name.

To jest rower męża.
This is my husband's bicycle.

Jestem Andrzej Malicki.
I am Andrew Malicki.

To są ładne zdjęcia.
These are nice photographs.

To jest Marcin, kolega brata.
This is Martin, my brother's friend.

On ma na imię Tomasz.
His name is Thomas.

Nazywają go Tomek.
They call him Tom.

Exercise 1

Put the given words into the instrumental case.

1. Wojtek jest (Polak). Jest (słynny lekarz).
2. Joanna jest (Polka). Jest (sprytna sekretarka).
3. Dieter jest (Niemiec). Jest (bogaty biznesmen).
4. Kate jest (Angielka). Jest (biedna studentka).
5. Marc jest (Francuz). Jest (miły kierowca).
6. Gerda jest (Austriacka). Jest (młoda nauczycielka).
7. Yves jest (Belg). Jest (zły dentysta).
8. Wayne jest (Amerykanin). Jest (głupi dyrektor).
9. Pilar jest (Hiszpanka). Jest (uprzejma kelnerka).
10. Maria jest (Włoska). Jest (dobra gospodyni).

Exercise 2

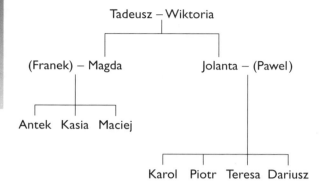

(a) Enter the correct family member (e.g. syn, matka) in the gap.

1. Teresa jest _____ Jolanty.
2. Piotr jest _____ Teresy.
3. Jolanta jest _____ Pawła.
4. Franek jest _____ Magdy.
5. Antek jest _____ Franka.
6. Franek jest _____ Kasi.
7. Jolanta jest _____ Dariusza.
8. Magda jest _____ Karola.
9. Paweł jest _____ Macieja.
10. Tadeusz jest _____ Piotra.
11. Wiktoria jest _____ Teresy.
12. Antek jest _____ Wiktorii.

(b) Put the given words into the instrumental case.

1. Maciej i Kasia są (dzieci) Magdy. Są (głupi uczniowie).
2. Magda i Franek są (rodzice) Antka. Są (bogaci nauczyciele).
3. Jolanta i Magda są (córki) Tadeusza. Są (dobre przyjaciółki).
4. Karol i Piotr są (bracia). Są (weseli przyjaciele).
5. Jolanta i Magda są (siostry). Są (zgrabne kobiety).

Other uses of the instrumental case

The instrumental case is also used to define the means by which an action occurred, its time or duration, and after certain verbs and adjectives.

Usage with transport, route or tool

Tool

Piszę *długopisem* **albo** *ołówkiem.*
I write in ballpoint or in pencil.

On maluje *farbami.*
He paints with paints.

Hanka myje ręce *wodą.*
Annie washes her hands with water.

Jacek bawi się *zabawkami.*
Jack plays with his toys.

Przykrywam dziecko *kocem.*
I cover the child with a blanket.

Route

Idę *polem* **i** *lasem.*
I go via field and forest.

Idę *ulicą.*
I go along the road.

Łódź płynie *Wisłą.*
The boat sails on the Wisła.

Idę *korytarzem,* **potem** *schodami.*
I go along the corridor, then up the stairs.

Jan macha *ręką.*
John is waving his hand.

Transport

Jadę *pociągiem* **albo** *samochodem, albo samolotem.* **Idę** *piechotą.*
I'm going by train or car or plane. I go on foot.

Usage with time and duration

The instrumental case expresses extended time or extended duration of an action.

137

Wiosną zbieram kwiaty; *jesienią*
owoce.
In spring I pick flowers; in autumn
fruit.

Latem Maciej jest kelnerem.
In the summer Maciej is a waiter.

Ranem jest zimno.
It is cold in the mornings.

Późnym wieczorem owoce.
czytam.
I read late in the evening.

Zwierzęta polują *nocą*.
Animals hunt at night.

Jan pracuje *całymi dniami*.
John works for days on end.

Usage with certain verbs

Many common verbs used with a preposition in English (e.g. *cover with*) are followed by the instrumental case *without preposition* in Polish. Here are some imperfective verbs like this.

kierować	direct	**bawić się**	play
napełniać	fill	**cieszyć się**	enjoy, possess
ogradzać	enclose	**interesować się**	be interested in
otaczać	surround	**opiekować się**	look after
pokrywać	cover	**posługiwać się**	make use of
zasłaniać	cover, veil	**zajmować się**	busy oneself with

Napełniam wannę *wodą*.
I fill the bath with water.

Posługuję się *gramatyką*.
I use a grammar book.

On cieszy się *dobrym zdrowiem*.
He enjoys good health.

Otaczamy ogród *płotem*.
We surround the garden with a fence.

Usage with certain adjectives

The instrumental case follows adjectives derived from verbs which require the instrumental case. Many such adjectives imply enclosure, covering or filling. There is no word for 'by' or 'with'. Some common adjectives like this are:

otoczony	surrounded	**pokryty**	covered (lightly)
ogrodzony	enclosed	**zakryty**	covered (totally)
napełniony	filled	**posypany**	sprinkled (lightly)
nadziany	with a filling	**zasypany**	sprinkled (totally)

napchany stuffed full	**zasłonięty** obscured
	zalany flooded

Wieś otoczona *lasem*.   **Ciasto posypane *cukrem*.**

Pole ogrodzone *płotami*.   **Droga pokryta *śniegiem*.**

Cukierki nadziane *miodem*.   **Okna zasłonięte *firankami*.**

Kołdra napchana *piórami*.   **Miasto zalane *wodą*.**

Exercise 1

Put the best noun in its instrumental case form in the gap.

sztuka   dziecko   zabawki   miotła   piechota   firma   długopis
szmatka   lalka   pociąg   słowniki   samolot

1. Pani zamiata chodnik _____ .
2. Dziewczynka bawi się _____ .
3. Do Ameryki lecimy _____ .
4. Mama wyciera okna _____ .
5. Piszę list _____ .
6. Tłumacz posługuje się _____ .
7. Zawsze jadę _____ .
8. Chłopcy bawią się _____ .
9. Interesuję się _____ .
10. Ojciec kieruje dużą _____ .
11. Matka opiekuje się _____ .
12. Idę do lasu _____ .

Exercise 2

Put the words in ( ) into the instrumental case.

(Zima) Zdzisiu idzie [*from iść*] (droga) przez wioskę. Wioska jest otoczona (góry) i (lasy). Dachy wszystkich domów są pokryte (śnieg). Rzeka jest pokryta (lód). Pola są zalane (woda). Zdzisiu idzie piechotą do szkoły. Śliska drogą jest posypana (piasek). Jest bardzo niebezpieczna. Nie można [*one cannot*] jechać ani (samochód), ani (autobus), ani nawet (taksówka).

(Wiosna) i (lato) Zdzisiu jedzie [*from jechać*] (rower) przez las. Drzewa są pokryte (zielone liście), góry (krzaki), a łąki (zielona trawa) i (piękne drobne kwiatki). Słońce już nie jest zasłonięte (chmury).

Prepositions followed by the instrumental case

The prepositions below are followed by the instrumental case. All except z can also be used with the accusative case to denote motion (Unit 40). Z requires the instrumental case even with motion.

pod	below, under, near (geog.)	**z**	[together] with, with certain attributes
nad	above, over, near, on bank of	**przed**	in front of, earlier than
między	among, between	**za**	behind, beyond

Kot leży *pod* drzewem.
The cat lies under the tree.

Idę z matką, ojcem, kolegą.
I'm going with mother, father, a friend.

Miasto leży *nad* morzem/ Wisłą.
The town lies on the sea/Wisła.

Jem chleb z masłem.
I eat bread and butter.

***Nad* ranem/*nad* wieczorem.**
Towards morning/evening.

Jest to wysoki pan z brodą.
He is a tall bearded gentleman.

Mieszkam *pod* Krakowem.
I live near Krakow.

***Przed* domem jest ogród.**
There is a garden in front of the house.

Mieszkamy *pod* numerem 8.
We live at number 8.

***Przed* kolacją jest zabawa.**
There is a dance before supper.

Jesteście *między* przyjaciółmi.
You are among friends.

***Za* lasem są łąki z jabłoniami.**
Beyond the forest are apple orchards.

To aid pronunciation an e is added to **nad, pod, przed**, and **z** before personal pronoun **mną** and before difficult consonant groups, e.g.

Niebo jest nade mną, ziemia pode mną.

The sky is above me, the earth below me.

Przede wszystkim pracuję.

Above all, I work.

Usage with certain verbs

Here are some common verbs followed by instrumental case prepositions. All are imperfective.

bawić się z	play with
rozmawiać z*	speak with/to
kłócić się z**	quarrel with
sprzeczać się z*	disagree with
zgadzać się z*	agree with
bronić (się) przed**	protect against
chronić (się) przed**	guard against
tęsknić za**	pine for, miss
pracować nad	work at
* like *mieszkać*	** like *bawić*

Instrumental case prepositional pronouns

Personal pronouns, when used after instrumental case prepositions, change as below.

	Singular					*Plural*			
	I	*you*	*he*	*she*	*it*	*we*	*you*	*they (men)*	*they (non-men)*
Nom.	**ja**	**ty**	**on**	**ona**	**ono**	**my**	**wy**	**oni**	**one**
Instr.	**mną**	**tobą**	**nim**	**nią**	**nim**	**nami**	**wami**	**nimi**	**nimi**
	me	*you*	*him*	*her*	*it*	*us*	*you*	*them*	*them*

Preposition plus noun	Preposition plus pronoun
Idę z *bratem* i z *siostrą*.	Idę z *nim* i z *nią*.
Zeszyty leżą pod *książkami*.	Zeszyty leżą pod *nimi*.
Wstydzę się przed *ludźmi*.	Wstydzę się przed *nimi*.
Kot leży pod *drzewem*.	Kot leży pod *nim*.

Exercise 1

Select the best preposition for each gap and write the following noun in its correct form

między   nad   pod   przed   z   za

1. Idę do miasta _____ (koleżanka).
2. _____ (Warszawa) jest piękny zamek.
3. Mamy lato _____ (jesień).
4. Spędzam wakacje _____ (morze).
5. Ciocia mieszka _____ (granica).
6. Pracuję _____ obiadem.
7. _____ (hotel) jest wielki parking.
8. Szkoła jest _____ (drzewa).

Exercise 2

Write the correct form of these plural nouns.

1. z (goście)
2. przed (domy)
3. nad (jeziora)
4. pod (ławki)
5. między (ludzie)
6. z (Polacy)
7. przed (lekcje)
8. nad (głowy)
9. pod (krzaki)
10. między (bracia)

Exercise 3

Write the italicised word in its correct form. Then rewrite 1 to 6, replacing the word with a pronoun.

1. Tęsknię za *przyjaciółka*.
2. Sąsiad kłóci się z *sąsiadki*.
3. Piotruś bawi się z *dzieci*.
4. Student pracuje nad *zadanie*.
5. Bronię dom przed *złodzieje*.
6. Sprzeczam się z *przyjaciele*.

7. Nie zgadzamy się z *ty*.
8. Koledzy kłócą się z *ja*.
9. Nikt nie tęskni za *wy*.

10. Marek bawi się z *one*.
11. Goście rozmawiają z *my*.
12. Marta broni dzieci przed *oni*.

Exercise 4

Put the bracketed words into the correct form to complete the poem. (*Italics* mark words in the locative case – Unit 32).

W *klasie siódmej* niespodzianka; na spacery chodzi Danka
Z (rudy Tomek) i (Łukasz); no, i nawet z (Maciek) czasem.
A, z (syn) profesora, teraz chodzi Izydora.
Raz na lody, raz na kawę, i w niedzielę na zabawę.

Dziś wieczorem pod (ratusz) stoi Magda z (Tadeusz).
A przed (sklep) tam za (szkoła) siedzi Franek z (piękna Jola)
Przy *stoliku* z (ciasteczka), (lemoniada), (truskawki).
A Halinka z (piesek) idzie, bo chłopaków nienawidzi.

Verbs with two imperfective forms

Most Polish verbs have two forms, *imperfective* and *perfective*, each expressing a different aspect of an action (Unit 21). A few common verbs have *two* imperfective forms.

Determinate form – expresses action in progress (I'm going home right now), or imagined in progress in the near future (I'm going home at noon).

Indeterminate form – expresses frequent, habitual or repetitive action (I go home at noon, I go to parties, I often go for walks).

Here are five verbs in this category. You may meet their perfective forms by chance.

	Determinate Note where parts of the verb differ from the rest.	*Indeterminate*	*Perfective*
Walk, go	**iść** **idę**, idziesz, idzie, idziemy, idziecie, **idą**	**chodzić** chodzę, chodzisz, chodzi chodzimy, chodzicie, chodzą	pójść
Travel	**jechać** **jadę**, jedziesz, jedzie, jedziemy, jedziecie, **jadą**	**jeździć** **jeżdżę**, jeździsz, jeździ jeździmy, jeździcie, **jeżdżą**	pojechać
Fly, rush (coll.)	**lecieć** lecę, lecisz, leci lecimy, lecicie, lecą	**latać** latam, latasz, lata latamy, latacie, latają	polecieć
Carry	**nieść** **niosę**, niesiesz, niesie niesiemy, niesiecie, **niosą**	**nosić** *(also = to wear)* **noszę**, nosisz, nosi nosimy, nosicie, **noszą**	zanieść
Transport	**wieźć** **wiozę**, wieziesz, wiezie wieziemy, wieziecie, **wiozą**	**wozić** **wożę**, wozisz, wozi wozimy, wozicie, **wożą**	zawieźć

Notice how the verbs are often used with adverbs:

Determinate + adverb of current time

dzisiaj	today
już	already
teraz	now
zaraz	in a moment
na razie	right now
akurat	right now
znowu	once again

Indeterminate + adverb of frequency

często	often		zawsze	always
nigdy nie	never		rzadko	rarely
codziennie	daily		ostatnio	recently
ciągle	all the time		nadal	still
zwykle,	usually			
zwyczajnie				

od tygodnia, miesiąca, roku [gen.]
for (since) the last week, month, year
od dawna for a long time now

Ola dzisiaj *idzie* z Piotrem.
Today Ola is going with Peter.

Ola często *chodzi* do klubu.
Ola often goes to the club.

Ptaki teraz *lecą* do nas.
The birds are flying to us now.

Nad domem zawsze *latają* ptaki.
Birds always fly above the house.

Adam *jedzie* do Warszawy.
Adam is travelling to Warsaw.

On ciągle *jeździ* do Krakowa.
He regularly travels to Krakow.

Kasia *niesie* zakupy.
Kate is carrying the shopping.

Ona chętnie *nosi* zakupy.
She likes to carry the shopping.

Gospodarz *wiezie* owoce.
The farmer is transporting fruit.

Zwykle *wozi* jabłka.
He usually transports apples.

There are many common derivatives, all imperfective, of chodzić, e.g.

wchodzić	enter	odchodzić	depart
podchodzić	approach [space]	wychodzić	go out
nadchodzić	approach [time]	przychodzić	come

Wychodzę na godzinę.
I'm going out for an hour.

Oni nigdy nie wchodzą (do domu).
They never come in (to the house).

Pociąg odchodzi z dworca głównego.
The train departs from Central Station.

Dziecko przychodzi z matką.
The child comes with its mother.

Pies nie podchodzi do mnie.
The dog doesn't come to me.

Nadchodzą Święta.
Christmas is coming.

145

The time adverbs above are used with either verb type. The meaning often changes somewhat.

Determinate	Indeterminate
Marek już idzie do domu.	**Marek już chodzi do szkoły.**
Mark is going home *already*.	Mark goes to school *already*.
Teraz idę do teatru.	**Teraz chodzę do teatru.**
Right now I'm going to the theatre.	*Nowadays*, I [often] go to the theatre.

Exercise 1

Choose the correct verb and write its correct part in the gap.

1. Ja zawsze _____ do parku. Dzisiaj _____ do zoo (iść, chodzić).
2. Oni od roku _____ autobusem. Dzisiaj _____ taksówką (jeździć, jechać).
3. My zwykle _____ zakupy do dziadka. Dzisiaj _____ też do wujka (nosić, nieść).
4. Bolek ostatnio _____ węgiel. Dzisiaj _____ siano (wieźć, wozić).
5. Ja zawsze _____ do pracy. Dzisiaj też _____ (lecieć, latać).
6. Anka rzadko _____ na zabawy. Dzisiaj _____ z siostrami (iść, chodzić).
7. Pociągi zwyczajnie _____ i ludzi, i towar. Dzisiaj _____ tylko ludzi (wieźć, wozić).
8. Ola _____ dżinsy z sklepu. Ona nie _____ dżinsów do szkoły (nosić, nieść).

Exercise 2

Insert the correct part of the given verb in the question. Fill the gap with a verb from this unit.

1. Czy ty (iść) jutro do opery? Nie, nigdy tam nie _____ .
2. Czy Maria zawsze (latać) samolotem? Tak, nigdy nie _____ pociągiem.
3. Czy dzieci ciągle (chodzić) do podstawówki? Nie, już od dawna _____ autobusem do liceum.
4. Czy córki często (nosić) zakupy? Nie, zwykle żona je _____ samochodem.

5. Czy ty zawsze (nosić) spodnie? Nie, często _____ sukienki.
6. Czy ty ciągle (jeździć) do brata? Tak, jutro znowu _____ do niego.
7. Czy samoloty często (latać) nad miastem? Tak, akurat _____ samolot polski.
8. Czy ojciec nadal (wozić) syna do szkoły? Nie, syn od roku _____ rowerem.
9. Czy wy zawsze (chodzić) piechotą? Nie, dzisiaj _____ rowerem.
10. Czy Hanka nadal (chodzić) z Wojtkiem? Tak, dzisiaj _____ razem do kina.

Unit 32

Locative case (nouns, prepositions)

The locative case, used only after prepositions, shows the location or static position of one item relative to another.

Consonant changes

The locative is the most complex case. When the ending -e is added, the same consonant changes occur as occurred in the feminine dative singular. However, they occur in the singular of *all genders*. After **b, f, m, n, p, s, w** and **z** the ending -e becomes -**ie**. The plural ending -**ach** does not cause *consonant* changes.

Original	Change	Masculine incl. nouns in -*a*	Feminine	Neuter
ł	le	stół: stole	szkoła: szkole	mydło: mydle
sł	śle	pomysł: pomyśle	Wisła: Wiśle	krzesło: krześle
sn	śnie	—	sosna: sośnie	—
t	cie	brat: bracie	kobieta: kobiecie	złoto: złocie
st	ście	artysta: artyście	kapusta: kapuście	miasto: mieście
d	dzie	wykład: wykładzie	Magda: Magdzie	stado: stadzie
zd	ździe	wyjazd: wyjeździe	gwiazda: gwieździe	gniazdo: gnieździe

Original	Change	Masculine incl. nouns in -a	Feminine	Neuter
zn	źnie	—	ojczyzna: ojczyźnie	Gniezno: Gnieźnie
r	rze	Piotr: Piotrze	siostra: siostrze	pióro: piórze
k	ce	kaleka: kalece	Polska: Polsce	—
g	dze	kolega: koledze	podłoga: podłodze	—
ch	sze	—	pończocha: pończosze	—
-ba, -fa, -mo,	b, f, m,	Rzym: Rzymie	panna: pannie	pismo: piśmie
-na, -pa, -so,	n, p, s,	szef: szefie	osoba: osobie	państwo: państwie
-wo, -za	w, z + ie	wóz: wozie	Europa: Europie	mięso: mięsie

s becomes -ś before -mie, -nie, -cie, -le. z becomes -ź before -dzie, -nie.

Vowel changes

Vowel changes are also frequent. When endings are added nouns compensate, in the singular and plural, by shortening their stem vowel (from ó to o, or ą to ę) or losing penultimate e. Change from a to e occurs in the singular only.

Change	Singular	Plural
ó to o	wóz: wozie ogród: ogrodzie stół: stole łódź: łodzie	wozach ogrodach stołach łodziach
ą to ę	mąż: mężu gałąź: gałęzi	mężach gałęziach
lost e	wujek: wujku dzień: dniu wieś: wsi	wujkach dniach wsiach
a to e (sing. only)	świat: świecie światło: świetle las: lesie miasto: mieście lato: lecie obiad: obiedzie	światach światłach lasach miastach latach obiadach

Masculine singular

As shown in the preceding tables, most nouns take the ending -e or -ie, often with accompanying consonant and vowel changes. Other possible endings are shown below (vowels may change too).

Ending	When used	Examples
u	After **k, g, ch, j, l**. *Also, old monosyllabic nouns:* pan: panu, syn: synu, dom: domu	dach: dachu hotel: hotelu dziadek: dziadku Polak: Polaku Bóg: Bogu szpital: szpitalu pokój: pokoju kraj: kraju człowiek: człowieku
	After **c, cz, sz, rz, ż, dż**.	ojciec: ojcu marzec: marcu chłopiec: chłopcu klucz: kluczu talerz: talerzu kapelusz: kapeluszu nóż: nożu garaż: garażu cmentarz: cmentarzu
iu	After ´ accent (accent lost, **i** added).	koń: koniu gość: gościu niedźwiedź: niedźwiedziu uczeń: uczniu liść: liściu gość: gościu *But:* tydzień: tygodniu kwiecień: kwietniu
y	Nouns in **-ca**.	kierowca: kierowcy sprzedawca: sprzedawcy

Example	Nominative	Locative
	To jest cmentarz. This is a cemetery.	**Przy cmentarzu stoi kościół.** A church stands by the cemetery.
	Pociąg czeka na dworcu. The train waits in the station.	**W pociągu jest duszno.** It is stuffy in the train.

Feminine singular

Feminine nouns ending in the consonants shown in the preceding tables + -a take ending -e or -ie, often with accompanying consonant and vowel changes. All other feminine nouns are as the genitive singular (Unit 11).

	Nominative	Locative
Example – with consonant change	**Siostra ma urodziny.** My sister has a birthday.	**Siedzę przy siostrze.** I sit by my sister.
	Magda jest chora. Magda is ill.	**Rozmawiam o Magdzie.** I'm speaking about Magda.
	Polska jest pięknym krajem. Poland is a lovely country.	**Mieszkam w Polsce.** I live in Poland.
	Kobieta nie ma dzieci. The woman is childless.	**Myślę o kobiecie.** I think about the woman.
Example – as gen. sing.	**Babcia jest stara.** Granny is old.	**Pamiętamy o babci.** We remember about Granny.
	Ulica jest pokryta śniegiem. The street is covered in snow.	**Śnieg leży na ulicy.** The snow lies on the street.
	Miłość to nic nowego. Love is nothing new.	**On często myśli o miłości.** He often thinks about love.

Neuter singular

As shown in the preceding tables, most nouns take the ending -e or -ie, often with accompanying consonant and vowel changes. Other possible endings are shown below. Nouns in **-um** do not change.
* = Same as dative singular.

Ending	When used	Examples
u	Nouns in **-go**, **-ko**, **-cho**, **-lo**, **-jo**	jabłko: jabłku tango: tangu ucho: uchu jajo: jaju wojsko: wojsku echo: echu
u*	Nouns in **-e** and **-ie** replace **-e** by **-u**.	pole: polu serce: sercu słońce: słońcu życie: życiu morze: morzu zdjęcie: zdjęciu
ieniu*	Most nouns in **-ię** extend **-ię** to **-ieniu**.	imię: imieniu ramię: ramieniu *But:* jagnię: jagnięciu źrebię: źrebięciu prosię: prosięciu

Ending	When used	Examples
ęciu*	Nouns in **-ę** extend **-ę** to **-ęciu**.	zwierzę: zwierzęciu dziewczę: dziewczęciu

Example	Nominative	Locative
	Wojsko to dobry zawód. The army is a fine career.	**Oni są w wojsku.** They are in the army.
	Zdjęcie jest ładne. The photograph is nice.	**Na zdjęciu jest rodzina.** The family is on the photograph.

Plural – all genders

The plural ending -**ach** does not cause *consonant* changes. Vowel changes which occurred in the singular recur here.

Ending	When used	Examples
ach	Nouns not ending in ´ accent, **-ia** or **-io**.	pies: psach muzeum: muzeach pokój: pokojach matka: matkach Polak: Polakach jabłko: jabłkach lekcja: lekcjach święto: świętach *But*: oko: oczach dziecko: dzieciach
iach	Nouns in **-ia** or in ´ accent (accent lost, **i** added).	wieś: wsiach gość: gościach liść: liściach koń: koniach pieśń: pieśniach gałąź: gałęziach ciocia: ciociach
ionach	Most nouns in **-ię** add **-ach** to true stem ending **-ion**.	imię: imionach ramię: ramionach *But*: jagnię: jagniętach źrebię: źrebiętach prosię: prosiętach
ętach	Nouns in **-ę** add **-ach** to true stem ending **-ęt**.	zwierzę: zwierzętach dziewczę: dziewczętach

Ending	When used	Examples
ech	A few plural countries.	Niemcy: Niemczech Węgry: Węgrzech Włochy: Włoszech

Example	Nominative	Locative
	Włochy są małym krajem. Italy is a small country.	**Mieszkamy we Włoszech.** We live in Italy.
	Dzieci są mądre. The children are clever.	**Często rozmawiają o dzieciach.** They often talk about the children.

Locative case prepositions

The prepositions below are followed by the locative case. All except **przy** can also be used with the accusative case to denote motion (Unit 40). **Przy** requires the locative case even with motion.

na on, at, in [open area]

w in [enclosed area], dressed in

o about, concerning, at [time], with certain physical attributes

Pies jest *na* podwórku/*w* ogrodzie.
The dog is in the yard/garden.

Spotykamy się *w* kawiarni *na* dworcu.
We meet in the café at the station.

Kasia zawsze stoi *w* drzwiach.
Kate always stands in the doorway.

przy near, close to, by, while doing . . .

po along, up and down, after [time], in [language], inherited from

Siedzę *przy* oknie/stole.
I'm sitting by the window/at the table.

Sklep jest *przy* ulicy Lwowskiej.
The shop is in Lwów Street.

Śpiewam *przy* pracy.
I sing while I work.

Latam *po* schodach/ mieście.
I run up and down the stairs/all over town.

Jestem **w dobrym/złym humorze.**
I am in a good/bad mood.

Jestem **w średnim wieku.**
I am middle-aged.

Idę **w płaszczu zimowym.**
I'm going in my winter coat.

Dziecko **o jasnych włosach i niebieskich oczach.**
A child with fair hair and blue eyes.

Łódka płynie **po rzece/jeziorze.**
The boat sails on the river/lake.

Mówię **po polsku i po angielsku.**
I speak Polish and English.

Kościół jest **po prawej stronie.**
The church is on the right.

Po paru latach, po wojnie.
After a few years, after the war.

To aid pronunciation an e is added to **w** before difficult consonant groups, e.g.

We Wrocławiu jest rynek.   There is a market square in Wrocław.

Usage with certain verbs

Here are some common verbs followed by locative case prepositions. All are imperfective.

mówić o	speak about	**wiedzieć o**	know about
myśleć o	think about	**zapominać o**	forget
opowiadać o	recount about	**grać na**	play on
rozmawiać o	talk about	**znać się na**	know a lot about

Rozmawiamy o Polsce przy obiedzie.
We talk about Poland over lunch.

Opowiadam bajkę o kocie w butach.
I tell the story of Puss-in-Boots.

Gram na gitarze/skrzypcach.
I play the guitar/violin.

Zawsze zapominam o urodzinach.
I always forget birthdays.

Verbs *siedzieć, stać, płynąć, myśleć*

These often occur with the locative case.

siedzieć	siedzę, siedzisz, siedzi, siedzimy, siedzicie, siedzą
stać	stoję, stoisz, stoi, stoimy, stoicie, stoją
płynąć	płynę, płyniesz, płynie, płyniemy, płyniecie, płyną
myśleć	myślę, myślisz, myśli, myślimy, myślicie, myślą

Locative case of *Kto/Co/Nikt/Nic*

Kto becomes **kim**; co becomes **czym**
Nikt becomes **nikim**; nic becomes **niczym**

O kim myślisz?	Who are you thinking about?
W czym masz herbatę?	What do you keep the tea in?
Nie gram na niczym.	I don't play anything.

Exercise 1

(a)   Write the correct form of the noun after **w**.

1. Ksiądz jest w (kościół).
2. Mam mało pieniędzy w (bank).
3. Oni pracują w (szkoła).
4. W (fabryka) jest dużo hałasu.
5. W (muzeum) zwiedzamy zabytki.
6. W (noc) jest ciemno.
7. Bilety sprzedają w (kiosk).
8. Kupujemy jabłka w (sklep).
9. Kolega czeka w (samochód).
10. Ludzie siedzą w (autobus).

(b)   Write the correct form of the noun after **po**.

1. Łódka płynie po (rzeka, morze, jezioro, woda).
2. Pies lata po (trawa, podwórko, ogród, ulica).
3. Idę do kolegi po (śniadanie, obiad, kolacja, wykład).
4. Lubię spacerować po (miasto, las, góry, ulice).

Exercise 2

Write the correct form of the given verb and noun (some are plural).

1. Marta (być) przy (telefon).
2. Antek (siedzieć) przy (stół).
3. Koledzy (bawić się) na (chodnik).
4. Tramwaj (stać) na (przystanek).
5. Pies (leżeć) na (podłoga).
6. Rodzice (być) na (wakacje).
7. Koleżanki (siedzieć) na (ławka).
8. Zimą dzieci (jeździć) na (sanki).

9. Ty (siedzieć) przy (biurko).
10. Okręty (płynąć) po (morza).

Exercise 3

Put a suitable preposition in the gap.

1. Marta stoi _____ drzwiach.
2. Siedzimy _____ ławkach _____ parku.
3. Kazik niesie torbę _____ plecach.
4. Zbyszek lata _____ schodach.
5. Jestem _____ Warszawie _____ studiach.
6. Marysia zapomina _____ lekcjach.
7. Pielęgniarka pracuje _____ pacjentach.
8. Ola gra _____ skrzypcach i _____ organach.
9. Rozmawiam _____ kolegach.
10. Tomek ma dziurę _____ spodniach.

Locative case (adjectives, pronouns)

Locative case of adjectives

An adjective associated with a noun which is in the locative case must also be in the locative case.

Below are the locative case endings of adjectives. Adjectives in -y, -a, -e differ from those in -i, -a, -ie (notice the i). Masculine and neuter singular are identical. The plural is identical for all genders.

1. Adjectives in -y, -a, -e

	Singular Masc.	Fem.	Neut.	Plural Non-men	Men
Nom.	dobry	dobra	dobre	dobre	dobrzy
Loc.	-ym	-ej	-ym	-ych	-ych
	dobrym	dobrej	dobrym	dobrych	dobrych

2. Adjectives in -i, -a, -ie, and those few ending in -i, -ia, -ie

	Singular Masc.	Fem.	Neut.	Plural Non-men	Men
Nom.	polski ostatni	polska ostatnia	polskie ostatnie	polskie ostatnie	polscy ostatni
Loc.	-im	-iej	-im	-ich	-ich
	polskim ostatnim	polskiej ostatniej	polskim ostatnim	polskich ostatnich	polskich ostatnich

Locative case prepositional pronouns

Personal pronouns, when used after locative case prepositions, change as below.

	Singular					Plural			
	I	*you*	*he*	*she*	*it*	*we*	*you*	*they (men)*	*they (non-men)*
Nom.	**ja**	**ty**	**on**	**ona**	**ono**	**my**	**wy**	**oni**	**one**
Loc.	**mnie**	**tobie**	**nim**	**niej**	**nim**	**nas**	**was**	**nich**	**nich**
	me	*you*	*him*	*her*	*it*	*us*	*you*	*them*	*them*

Preposition plus noun	Preposition plus pronoun
Mówię o *bracie* i o *siostrze*.	Mówię o *nim* i o *niej*.
Zeszyty leżą na *książkach*.	Zeszyty leżą na *nich*.
Kelner pracuje przy *ludziach*.	Kelner pracuje przy *nich*.
Prezent jest w *pudełku*.	Prezent jest w *nim*.

Exercise I

Write the verb in its correct form. Then put **małym, małej** or **małych** in the gap.

1. Paweł (siedzieć) na _____ krześle.
2. Ja nic nie (wiedzieć) o _____ dzieciach.
3. My (siedzieć) przy _____ koleżance.
4. Dzieci (bawić się) w _____ ogrodzie.
5. Łódka (płynąć) po _____ rzece.
6. Tomek (leżeć) w _____ łóżku.
7. One (pracować) w _____ fabryce.
8. Oni (rozmawiać) o _____ pacjencie.
9. Pies (latać) po _____ polu.
10. Koledzy (siedzieć) w _____ pokoju.
11. W _____ pociągach (być) ciasno.

12. Kościół (stać) przy _____ szkole.
13. Ola (znać się) na _____ zwierzętach.
14. Książki (leżeć) na _____ stole.

Exercise 2

Replace the italicised word by the corresponding pronoun.

1. Rozmawiam o *dziecku* przy *matce*.
2. Gram na *gitarze* i na *organach*.
3. Nikt nie wie nic o *chłopcach*.
4. Marysia siedzi przy *cioci*.
5. Matka opowiada o *synu* i o *córce*.
6. Mam płaszcz po *siostrze*.
7. Synowie siedzą przy *ja*.
8. Nie wiecie nic o *my?*
9. Nigdy nie zapominam o *ty*.
10. Czy syn nie myśli o *wy?*

Exercise 3

Select the best adjective and write its correct form in the gap.

(a) **tani hiszpański trzeci wysoki średni drugi ostatni krótki**

1. Czy mieszkasz w _____ bloku?
2. Ania chodzi w _____ sukience.
3. Nie znamy się na _____ muzyce.
4. Głupia Ala jest ciągle na _____ miejscu.
5. Czy kupujecie chleb w _____ sklepie?
6. Siedzę w ogrodzie po _____ śniadaniu.
7. Siedzimy w pociągu w _____ przedziale.
8. Ojciec jest w _____ wieku.

(b) **drogi długi niebieski niski głupi polski**

1. Turyści spacerują po _____ górach.
2. Kocham dziewczę o _____ oczach.
3. Nigdy nic nie kupuję w _____ sklepach.
4. Nauczyciel rozmawia o _____ dzieciach.
5. Czy znasz się na _____ filmach?
6. W zimie chodzę w _____ butach.

Exercise 4

Complete the poem with the correct form of the given words.

Dziś jesteśmy w (duża, nowa,) pięknej (hala) koncertowej.
Klawiatura (stać) w (kąt) przy (cymbałki) i (trójkąt).
A na (scena) gitarzysta, skrzypek, trębacz i pianista.
Rudy Tomek (grać) na (flet), mały Janusz na (klarnet).

Pani Kasia z dumy pęka – Ach, jak pięknie (grać) Helenka
Raz na (bęben), (pianino); (umieć) też na mandolinie.
Koleżanka nowa z Gdyni (czytać) nuty z pięciolinii.
Słuchacze na nogi (wstawać) i wielkie brawo (klaskać).

This, that, such, what like, which

ten/ta/to	this	**jaki/a/ie**	what like
który/a/e	which	**tamten/tamta/tamto**	that
taki/a/ie	such		

These are adjectives and take the normal adjective endings. They can also be used to replace a noun, e.g. *This* [adjective] *book is good. I prefer that one* [pronoun], i.e. *that book.*

Special forms exist for 'men' in the nominative plural; otherwise, there is one form for all genders in the plural

	Singular Masc.		Neut.	Fem.	Plural Non-men	Men
Nom.	(tam)t-**en**	jak-*i*	(tam)t-**o**	(tam)t-**a**	(tam)t-**e**	(tam)**c-i**
	któr-**y**	tak-*i*	któr-**e**	któr-**a**	któr-**e**	któ-**rz-y**
			jak-*ie*	jak-**a**	jak-*ie*	ja-**c-y**
			tak-*ie*	tak-**a**	tak-*ie*	ta-**c-y**
Acc.	*Non-alive* –		As nom.	t**ę** *but*	As nom.	As gen.
	(tam)t-**en**	jak-*i*		tamt-**ą**		
	któr-**y**	tak-*i*		któr-**ą**		
				jak-**ą**		
	Alive – as gen.			tak-**ą**		

	Singular Masc.	Neut.	Fem.	Plural Non-men	Men
Gen.	(tam)t-**ego** jak-*iego*		As loc./dat.	(tam)t-**ych** jak-*ich*	
	któr-**ego** tak-*iego*		(tam)t-**ej**	któr-**ych** tak-*ich*	
Loc.	(tam)t-**ym** jak-*im*		As gen.		
	któr-**ym** tak-*im*		któr-**ej**		
Dat.	(tam)t-**emu** jak-*iemu*		jak-*iej*	(tam)t-**ym** jak-*im*	
	któr-**emu** tak-*iemu*		tak-*iej*	któr-**ym** tak-*im*	
Instr.	(tam)t-**ym** jak-*im*		(tam)t-**ą**	(tam)t-**ymi** jak-*imi*	
	któr-**ym** tak-*im*		któr-**ą**	któr-**ymi** tak-*imi*	
			jak-**ą**		
			tak-**ą**		

Ten, **tamten**, **który** behave as *dobry*. **Jaki**, **taki** behave as *polski*.

Jaki and **który** can be used in questions, often separated from their noun if the meaning is clear. **Jaki** in exclamations means 'What a . . . /How . . .'

Jaka **to jest szkoła?**
What is this school like?

Jaką **kupujesz książkę?**
What kind of book are you buying?

Jacy **to są chłopcy!**
What (awful) boys!

Jakie **ładne miasto!**
What a lovely town!

Ten rower jest nowy, a tamten stary.
This bicycle is new, that one old.

Idziesz z *tym* **kolegą czy z tamtym?**
Are you going with this friend or that one?

List jest od *tamtej* **pani.**
The letter is from that lady.

Która **to jest szkoła?**
Which school is this?

Którą **kupujesz książkę?**
Which book are you buying?

Którzy **to są chłopcy?**
Which boys are these?

Który **pan jest dobrym kierowcą?**
Which gentleman is a good driver?

Z *którą* **panią pracujesz?**
Which lady do you work with?

***Wiem,** *która* **jest godzina.**
I know what time it is.

***Są** *tacy,* *którzy* **nie lubią ciasta.**
There are (such) people who don't like cake.

Nie ma *takiego* numeru.
There is no such number.

Nie rozmawiam z *takimi* ludźmi.
I don't talk to such people.

To państwo jest bogate.
This country is rich.

Ci państwo są bogaci.
These people are rich.

* **Który** used to introduce a relative clause is preceded by a comma.

Exercise 1

Put the correct form of **ten** in front of these nouns (nominative case).

autobus, ludzie, matka, zwierzę, kot, dzieci, koledzy, pani, kwiaty, lekarze, panie, łóżko, Polak, rodzice, pieśń, skrzypce.

Exercise 2

Put the italicised words into the plural.

1. Rozmawiamy z *tym panem*.
2. Znam *taką panią*.
3. *Którą zabawkę* kupujecie?
4. Znają *tego człowieka*.
5. Lubię *tę koleżankę*.
6. Nie lubimy *tej sąsiadki*.
7. *Jaki sok* kupujesz?
8. Ufam *temu lekarzowi*.

Exercise 3

Fill the gap with the form of *tamten* which best replaces the words in italics, e.g. Jadę *tym pociągiem*. *Tamten* jedzie do Tarnowa.

1. Czytam *tę książkę*. _____ jest trudna.
2. Kupuję *te czasopisma*. _____ są za drogie.
3. *Ten nauczyciel* jest młody, a _____ stary.
4. Lubię *tego chłopca*. _____ jest niegrzeczny.
5. Kasia lubi *te lody*. _____ nie są smaczne.
6. Zawsze kupuję w *tym sklepie*. Do _____ nie chodzę.
7. Ona bawi się z *tymi kolegami*. _____ są głupi.
8. Prezent jest dla *tych dzieci*. _____ dzieciom nic nie dajemy.

Exercise 4

These questions contrast the meaning of *jaki* and *który*. Select the best answer for each.

1. Do jakiej szkoły chodzisz?	a. Ta w zielonym płaszczu.
2. Do której szkoły chodzisz?	b. W tym obok sklepu.
3. Które dziewczyny lubisz?	c. Z przyjaciółmi.
4. Jakie dziewczyny lubisz?	d. Bardzo mili.
5. Jaka jest Pani córka?	e. Do szkoły numer 8.
6. Która jest Pani córka?	f. Halinkę i Dorotę.
7. W którym domu mieszkasz?	g. Z grzecznymi.
8. W jakim domu mieszkasz?	h. Pan i Pani Dudek.
9. Z którymi ludźmi rozmawiasz?	i. Do dobrej.
10. Z jakimi ludźmi rozmawiasz?	j. W starym.
11. Jacy są rodzice Tomka?	k. Piękne.
12. Którzy są rodzice Tomka?	l. Miła i inteligentna.

Exercise 5

Put the correct form of *który* in the question and the correct form of *ten/tamten* in the answer. The required case is shown.

1. Na _____ krześle siedzisz? Na _____ (ten). [loc.]
2. Do _____ szkoły chodzicie? Do _____ (ten). [gen.]
3. Na _____ koleżankę czekasz? Na (tamten). [acc.]
4. W _____ szafie jest sweter? W (tamten). [loc.]
5. O _____ chłopcu pamiętasz? O (tamten). [loc.]
6. Do _____ muzeum idziecie? Do (tamten). [gen.]
7. Pod _____ krzesłem leży pies? Pod (tamten). [instr.]
8. W _____ budynku jest bank? W (ten). [loc.]
9. W _____ książkach są obrazki? W (tamten). [loc.]
10. Nad _____ drzewami latają ptaki? Nad (ten). [instr.]

Exercise 6

Write the given words in their correct form, e.g. Mam *takiego syna* (taki syn).

1. Mam (taka sukienka).
2. Ufam (tacy ludzie).
3. Nie kocham (takie dziewczęta).
4. Syn nie bawi się z (takie dzieci).
5. Ojciec ma (taki pies).
6. Nie rozmawiam o (takie rzeczy).
7. Uczę się (taki język).
8. Wuj jeździ (taki samochód).
9. Tutaj nie ma (takie cukiernie).
10. Nie daję prezentu (takie dziecko).

My, your, etc., own

Possessive adjectives

mój *	my	**jego**	his, its } *Invariable*
twój *	your (sing.)	**jej**	her } *Not really*
swój*	my (own), your (own) etc.	**ich**	their } *adjectives.*
nasz *	our	**czyj***	whose
wasz *	your (pl.)		

Words marked * are adjectives and take the normal adjective endings for each case. All nine words can also be used as pronouns to replace a noun when we know what is meant, e.g. *My* [adjective] *book is boring. I prefer yours* [pronoun], i.e. *your book*. Omit them, unless required for clarity.

Syn jest młody.	My/your/his etc. son is young.
***Jego* syn jest młody.**	*His* son is young.

	Singular Masc.	Neut.	Fem.	Plural Non-men	Men
Nom.	mój	moj-**e**	moj-**a**	moj-**e**	mo-**i**
	nasz	nasz-**e**	nasz-**a**	nasz-**e**	na-**s-i**
	czyj	czyj-**e**	czyj-**a**	czyj-**e**	czy-**i**
Acc.	*Non-alive* − mój, nasz, czyj *Alive* − as gen.	As nom.	moj-**ą** nasz-**ą** czyj-**ą**	As nom.	As gen.

165

	Singular Masc.	Neut.	Fem.	Plural Non-men	Men
Gen.	moj-**ego**, nasz-**ego**, czyj-**ego**		As loc./dat.	mo-**ich**, nasz-**ych**, czy-**ich**	
Loc.	mo-**im**, nasz-**ym**, czy-**im**		moj-**ej** nasz-**ej**	As gen.	
Dat.	moj-**emu**, nasz-**emu**, czyj-**emu**		czyj-**ej**	mo-**im**, nasz-**ym**, czy-**im**	
Instr.	mo-**im** nasz-**ym** czy-**im**		moj-**ą** nasz-**ą** czyj-**ą**	mo-**imi** nasz-**ymi** czy-**imi**	

twój, **swój** behave as *mój*. **Wasz** behaves as *nasz*.

The *j* in *mój* and *czyj* is lost if followed by an *i*.

To say *your* to someone formally use the genitive form of Pan etc., namely

Pan: **Pana**   Pani: **Pani**   Panowie: **Panów**
Panie: **Pań**   Państwo: **Państwa**

Gdzie jest Pana/Pani syn?	Where is your [sing.] son?
Czy jedziemy Pana/Pani samochodem?	Are we going in your [sing.] car?
To jest Panów/Pań/Państwa autobus.	This is your [pl.] bus.

Swój (my, your, his, etc.)

This is a Polish oddity.

1   It implies '(of) my, your etc. own' and can also refer to persons addressed as 'Pan' etc.
2   It is often used where English uses voice stress to make a contrast, e.g.
      Lubię pracę: I like my (the) job. <u>but</u> *Lubię swoją pracę*: I like *my* job.

3   It replaces my/mine etc. if the thing possessed belongs to the subject of the sentence. We say *Lubię swoją pracę* because the job belongs to the subject 'I'. However, we say *Moja* (not *swoja*) *praca jest trudna* [The subject here is 'the job'].

4   It often prevents confusion with *jego, jej, ich* which refer to someone else.

Possessive adjective	Swój
Moja praca jest nudna. My job is boring.	**Nie lubię swojej pracy. Lubisz swoją?** I don't like my job. Do you like yours?
Nie mamy jego/jej/ich dokumentów. We don't have his/her/their documents.	**Czy macie swoje dokumenty?** Have you your documents?
Mój samochód jest stary. My car is old. **Jedziemy jego/jej/ich samochodem.** We're going in his/her/their car.	**Jadę swoim samochodem, a on (jedzie) swoim.** I'm going in my car and he's going in his.
To są nasze miejsca, a to wasze. These are our places, and these yours.	**Siedzimy na swoich miejscach.** We are sitting in our (correct) places.
Gdzie mieszkają twoi koledzy? Where do your friends live?	**Idę z swoimi kolegami, a nie z twoimi.** I'm going with my friends not yours.
On nigdy nie odwiedza jego brata. He never visits his (someone's) brother.	**On odwiedza swojego brata.** He visits his (own) brother.
Moi sąsiedzi są mili. A twoi? My neighbours are nice. And yours?	**Rozmawiam z swoimi sąsiadami.** I speak with my neighbours.

Exercise 1

Write the correct possessive adjective before these nouns, e.g. (ty) *twoja matka*.

1. (ja) dziecko	7. (oni) dom	13. (one) pokój
2. (my) gazety	8. (ja) koleżanki	14. (ja) dzieci
3. (wy) ogród	9. (wy) koledzy	15. (on) rower
4. (ty) lekarz	10. (ona) ręką	16. (ona) suknia
5. (oni) pieniądze	11. (my) goście	
6. (ty) przyjaciele	12. (on) lekcje	

Exercise 2

Write the correct form of *czyj* before these nouns.

1. kot	5. sąsiadki	9. spodnie	13. brat
2. lalka	6. dzieci	10. siostra	14. goście
3. siostry	7. rodzice	11. wnukowie	15. twarz
4. bracia	8. dziecko	12. wnuczki	

Exercise 3

Fill the gap with the most suitable possessive adjective.

1. Mamy psa. _____ pies jest czarny.
2. Jecie śniadanie? Czy _____ śniadanie jest smaczne?
3. Kochacie rodziców. Czy _____ rodzice są mili?
4. Masz rodzinę? Czy _____ rodzina jest duża?
5. Masz samochód. Jedziemy _____ samochodem.
6. Mamy goście. Czy znacie _____ gości?
7. Odwiedzasz ciotkę? Nie znamy _____ ciotki.
8. Mamy nową sąsiadkę. Czy znacie _____ sąsiadkę?

Exercise 4

Write the correct form of *czyj* in the gap.

1. _____ zdjęcie oglądacie?
2. _____ książkę czytasz?
3. _____ samochodem jeździsz?
4. _____ syna lubisz?
5. _____ zabawkami bawisz się?

6. Do _____ domu idziesz?
7. O _____ dzieciach opowiadasz?
8. Z _____ córką idziesz?

Exercise 5

Rewrite thus: Rower *Adama*. <u>Jego</u> rower. Jeździ <u>swoim</u> rowerem.
Książki *Kasi*. <u>Jej</u> książki. Czyta <u>swoje</u> książki.

1. Ogród *rodziców*.   _____ ogród. Lubią _____ ogród.
2. Dzieci *nauczyciela*.   _____ dzieci. Kocha _____ dzieci.
3. Dom *matki*.   _____ dom. Pracuje w _____ domu.
4. Kanapki *koleżanek*.   _____ kanapki. Jedzą _____ kanapki.
5. Łóżko *brata*.   _____ łóżko. Leży na _____ łóżku.
6. Torba *kolegów*.   _____ torba. Niosą _____ torbę.
7. Pies *babci*.   _____ pies. Idzie z _____ psem.
8. Zdjęcia *Piotra*.   _____ zdjęcia. Rozmawia o _____
   zdjęciach.
9. Kanapa *cioci*.   _____ kanapa. Siedzi na _____
   kanapie.

Exercise 6

Put the correct form of *mój* or *swój* in the gap (* from verb *pić*).

Zapraszam do _____ pokoju. Tu jest _____ krzesło, tu
_____ stół, a tu _____ książki. Tu mam _____ telewizor,
_____ komputer i _____ płyty kompaktowe. Spędzam dużo
czasu w _____ pokoju. Leżę na _____ łóżku i czytam. Siedzę
na _____ krześle przy _____ komputerze. Piszę listy do
_____ przyjaciół, do _____ siostry i do _____ brata.
Słucham też _____ muzyki. Czasem zapraszam gości do _____
pokoju. _____ goście siedzą przy _____ stole, jedzą _____
ciastka, piją* _____ wino i _____ kawę. Ale nie lubią słuchać
_____ muzyki. Szkoda! Lubię _____ muzykę.

Each, every, all

każdy each, every   **wszyscy, wszystkie**   all (the)

These adjectives take the normal adjective endings. They can also be used as pronouns to replace a noun, e.g. *Each* [adjective] *book is good. Each* [pronoun] *is good.*

Wszystko (everything) [Unit 22] also has case forms which you may meet.

	Singular Masc.	Neut.	Fem.	Plural Non-men	Men
Nom.	każd-**y**	każd-**e** wszystk-**o**	każd-**a**	wszystk-**ie**	wszys-**c-y**
Acc.	*Non-alive* - każd-**y** *Alive* - as gen.	As nom.	każd-**ą**	As nom.	As gen.
Gen.	każd-**ego**, wszystk-**iego**		As	wszystk-**ich**	
Loc.	każd-**ym**, wszystk-**im**		dat./		
Dat.	każd-**emu**, wszystk-**iemu**		każd-**ej**	wszystk-**im**	
Instr.	każd-**ym**, wszystk-**im**		każd-**ą**	wszystk-**imi**	

Każdy pan = Wszyscy panowie   Każda pani = Wszystkie panie

Każdy sklep = Wszystkie sklepy   **Każde imię = Wszystkie imiona**

Każdy kupuje chleb.	} Everyone buys bread.		
Wszyscy kupują chleb.	} "		
Rozmawiam z każdym.	} I talk to everyone.		
Rozmawiam ze wszystkimi.	} "		
Wszystko jest tanie.	Everything is cheap.		
Pamiętam o wszystkim.	I remember everything.		

Note these ways of saying *all of us, all of you, all of them*:

masc.   każdy } z + nas, was, nich   = my, wy, oni wszyscy

fem.   każda } z + nas, was, nich   = my, wy, one wszystkie

Każdy z nas jest zmęczony =   My **wszyscy** jesteśmy zmęczeni.

Każda z nich jest zmęczona =   One **wszystkie** są zmęczone.

Każdy/każda z was czeka =   Wy **wszyscy/ wszystkie** czekacie.

Każdy		moich, twoich,	kolegów	Wszyscy moi, twoi, swoi, nasi, wasi, jego, jej, ich koledzy		
	z + Gen.	swoich, naszych,	sklepów kotów	Wszystkie	moje, twoje, nasze,	sklepy koty
Każda		waszych,	książek		wasze,	książki
Każde		jego, jej, ich	dzieci		jego, jej, ich	dzieci

Exercise 1

Write the correct form of *każdy* before each noun. Then, make a phrase with *każdy* using the preposition and case indicated. Finally rewrite the phrase in the plural, e.g.

siostra, do + Gen.   *każda siostra, do każdej siostry, do wszystkich sióstr*

1. park, w + loc.
2. stacja, na + loc.
3. sklep, przed + instr.
4. krzesło, pod + instr.
5. kolega, do + gen.
6. sąsiad, u + gen.
7. brat, dla + gen.
8. dziecko, od + gen.
9. drzewo, na + loc.

Exercise 2

Rewrite each sentence in the singular, using the correct form of *każdy* for the phrase in italics.

1. *Wszystkie ulice* są pokryte śniegiem.
2. On kupują *wszystkim synom* prezent.
3. Wręczam *wszystkim studentkom* nagrody.
4. Ona kłóci się ze *wszystkimi sąsiadkami*.
5. Czy znasz *wszystkie drzewa*?
6. We *wszystkich ogrodach* są kwiaty.

Exercise 3

Rewrite in the singular, changing <u>only</u> the words in <u>italics</u>.

We wszystkich dużych miastach jest dworzec kolejowy. Od *wszystkich dworców* odchodzą pociągi osobowe, pospieszne i ekspresowe. *We wszystkich pociągach* są przedziały. We *wszystkich przedziałach* siedzą ludzie. *Wszyscy panowie czytają gazety. Wszystkie panie oglądają czasopisma. Wszystkie dzieci patrzą* przez okno. Do *wszystkich przedziałów* wchodzi konduktor. Kłania się do *wszystkich panów*, uśmiecha się do *wszystkich pań*, żartuje z *wszystkimi dziećmi*. Sprawdza *wszystkie bilety*. Potem życzy *wszystkim pasażerom* „Miłej podróży" i wychodzi.

Exercise 4

Replace the direct object (italicised) with a pronoun + *wszystkie* in the correct case, e.g.

Czy czytasz *te książki*?   Czytam *je wszystkie*.

Czy znacie *moich nauczycieli*?   Znamy *ich wszystkich*.

1. Czy znasz *tych chłopców*?
2. Czy odwiedzacie *te koleżanki*?
3. Czy lubisz *te ciastka*?
4. Czy kochacie *tych wnuków*?
5. Czy śpiewasz *pieśni*?
6. Czy fotografujecie *parki*?

Clock time

The Poles say *at what hour?*, *it's the tenth hour and fifty minutes*, *at ten minutes to/past the eighth hour*, etc.

To specify the hour (**godzina**) you need the **feminine** form of the **ordinal** numbers. Use *dwudziesta pierwsza/druga/trecia* for 21st/22nd/23rd. So, 10.00 is *dziesiąta (godzina)* <u>or</u> *dwudziesta druga (godzina)* (24 hour clock). **Godzina** is usually omitted.

To specify the minutes (**minuta**) you can use **do** (to) and **po** (past), but it is easier to use the cardinal numbers. You also need *trzydzieści* (30) *czterdzieści* (40), *pięćdziesiąt* (50). So, 7.05 is *siódma pięć*; 8.56 is *ósma pięćdziesiąt sześć*.

Która godzina jest?	What's the time?	* state next hour	
Jest ...	It's ...	**Jest** ...	It's ...
pierwsza	1.00 o'clock	**południe**	midday
piąta dziewięć	5.09	**północ**	midnight
ósma pięćdziesiąt	8.50	**kwadrans do czwartej**	3.45
siódma trzydzieści	7.30	**kwadrans po czwartej**	4.15
dwunasta dokładnie	12.00 exactly	**wpół * do ósmej**	7.30

O której (godzinie) ... ?   At what time ... ?

o + locative	at	po + locative	after/ past	do + genitive or za + nom.	to/ before
o pierwszej	1.00	minuta po drugiej	2.01	dwadzieścia do pierwszej [or] za dwadzieścia	
o dziewiątej	9.00				
o piątej dziesięć	5.10	trzy (minuty) po jedenastej	11.03	pierwsza	12.40
o drugiej trzydzieści	2.30	sześć (minut) po czwartej	4.06	pięć do szóstej [or] pięć szósta	5.55
o dziesięć po piątej	5.10				
o wpół do trzeciej	2.30				

rano	in the morning	przed południem	a.m.
wieczorem	in the evening	po południu	p.m.
w nocy	at night		
pół godziny	half an hour		

The loc. and gen. sing. of feminine adjectives are identical, so you need only one form of each number (e.g. *drugiej*, *piątej*).

Obiad jest o pierwszej.	Lunch is at 1.00.
Jest ciemno o piątej.	It's dark at 5.00.
Mam pociąg o jedenastej trzy.	I have a train at 11.03.
Idziemy o wpół do dziewiątej.	We're going at 8.30,

Time expressions with the accusative

na = for a specific time   **za** = in a specific time

Idę do lekarza na czwartą.	I'm going to the doctor's for 4.00.
Wychodzę na dziesięć minut.	I'm going out for ten minutes.
Za godzinę mam lekcję.	I have a lesson in an hour.
Wracam za pół godziny.	I'm coming back in half an hour.
Za pięć minut jest pociąg.	There's a train in five minutes.

Time expressions with the genitive

od = from   **do** = until   **około** = around

Pracuję do dwunastej/południa.	I work until 12.00/noon.
Od rana do wieczora/nocy.	From morning till evening/ night.
Od południa do północy.	From noon till midnight.
Od siódmej w dół.	Any time from 7.00 onwards.
Jedziemy około dziewiątej.	We are going around 9.00.

Time expressions with the locative

o = at   **po** = past

Idę spać po jedenastej/ północy.	I go to bed after eleven/ midnight.
Po południu nie ma zajęć.	There are no lessons after noon.
Najwcześniej o ósmej rano.	8.00 a.m. at the earliest.
Najpóźniej o trzeciej po południu.	3.00 p.m. at the latest.

Time expressions with the instrumental

przed = before   **między . . . a . . .** = between . . . and . . .

Jestem w domu między drugą a trzecią.	I'm at home between 2.00 and 3.00.
Między wpół do piątej a szóstą.	Between 4.30 and 6.00.
Wracam z pracy przed siódmą.	I return from work before 7.00.
Pracujemy przed południem.	We work before noon.

Exercise 1

Write these times in full. Use no prepositions.

7.55   11.10   8.40   13.08   17.12   20.19

Exercise 2

Rephrase the times in Exercise 1 using **do** (to) or **po** (past).

Exercise 3

Write these times using **wpół do, kwadrans do** or **kwadrans po**.

4.15   1.45   2.30   7.15   10.30   8.45

Exercise 4

Write a phrase using **o** (at) and the locative in the gap. For '30' use **wpół do**.

1. Kasia ma pociąg _____ (2.00).
2. Wracam _____ (3.30).
3. Wstaję _____ (5.30).
4. Jemy _____ (12.30).
5. Idziemy do lekarza _____ (5.00).
6. Ojciec wraca _____ (4.00)
7. Mam lekcję _____ (12.00).
8. Otwieram sklep _____ (6.30).

Exercise 5

Rewrite in 24-hour clock without using prepositions,

e.g. piętnaście do siódmej wieczorem   *osiemnasta czterdzieści pięć*

1. dwadzieścia po czwartej popołudniu
2. kwadrans do dziesiątej wieczorem
3. dziesięć do jedenastej w nocy
4. trzy minuty po ósmej wieczorem
5. wpół do trzeciej popołudniu
6. kwadrans po piątej popołudniu

7. wpół do dziewiątej wieczorem
8. za cztery minuty szósta wieczorem

Exercise 6

Complete in Polish.

1. Paweł wraca *around 4.00.*
2. Pracuję *from 7.00 am. to 3.00 pm.*
3. Idę *at about 12.30.*
4. Czy jecie *exactly at 12.00?*
5. Nie wstaję *before 9.00.*
6. Idziemy *between 5.00 and 6.00.*
7. On dzwoni *after 2.00.*
8. Ola idzie do pracy *for 11.00.*
9. Mam pociąg *in 10 minutes.*
10. Wychodzę for *15 minutes.*

Być (past, future); days

Past tense (I was)

The endings are added to the verb stem *by*. The endings are different for the three genders in the singular, and for masculine 'men' nouns and all other nouns in the plural.

Masc.	Fem.	Neut.	Men	Other nouns
ja by-*łem*	ja by-*łam*	—	my by-*liśmy*	my by-*łyśmy*
ty by-*łeś*	ty by-*łaś*	—	wy by-*liście*	wy by-*łyście*
on by-*ł*	ona by-*ła*	ono by-*ło*	oni by-*li*	one by-*ły*

The plural for men contains -*li* not -*ły*. It is also used for subjects of mixed male/female or mixed male/neuter gender. The stress is always on the *by* syllable.

Future tense (I will be)

Singular		Plural	
ja	**będę**	my	**będziemy**
ty	**będziesz**	wy	**będziecie**
on/ona/ono	**będzie**	oni/one	**będą**

There were no/will be no

The past of **nie ma** is **nie było**; the future is **nie będzie**. Remember that the direct object (shown in capitals) stands in the genitive case after a negative verb.

Są jabłka. *Nie ma* **JABŁEK.** *Nie było* wczoraj **JABŁEK.** *Nie będzie* jutro **JABŁEK.**

Past	*Future*
Wczoraj **byłem** nad morzem.	Jutro nie **będę** wolny.
Nie **byłeś** u nas.	**Będziesz** wolny około piątej?
Wczoraj **był** ładny film.	Jutro nie **będzie** FILMU.
Marta nie **była** w biurze.	Czy Marta **będzie** jutro?
Czy dziecko **było** chore?	Tak, ale jutro **będzie** w szkole.
Byliśmy w kościele.	Po obiedzie **będziemy** u babci.
Gdzie **byliście/byłyście** rano?	Czy **będziecie** u nas o trzeciej?
Wszyscy lekarze **byli** zajęci.	Jutro, też nie **będzie** LEKARZY.
Czy **byli** Państwo Kowalscy?	Nie, **będą** o dwunastej.
Moje siostry **były** w domu.	Jutro **będą** u koleżanek.

Days of the week

Four days are masculine; three ending in **-a** are feminine. Days are often used with the prepositions below. Note where **we** is used to aid pronunciation.

	Nominative	*Accusative* **w** (on)	*Genitive* **od** (from) **do** (to)	*Locative* **po** (after) **o** (concerning)	*Instrumental* **przed** (before)
Mon.	**poniedziałek**	w poniedziałek	poniedziałku	poniedziałku	poniedziałkiem
Tues.	**wtorek**	we wtorek	wtorku	wtorku	wtorkiem
Wed.	**środa**	w(e) środę	środy	środzie	środą
Thur.	**czwartek**	w(e) czwartek	czwartku	czwartku	czwartkiem
Fri.	**piątek**	w piątek	piątku	piątku	piątkiem

	Nominative	Accusative	Genitive	Locative	Instrumental
		w (on)	*od* (from) *do* (to)	*po* (after) *o* (concerning)	**przed** (before)
Sat.	**sobota**	w sobotę	soboty	sobocie	sobotą
Sun.	**niedziela**	w niedzielę	niedzieli	niedzieli	niedzielą

Pokój na noc z piątku [gen.] **na sobotę** [acc.]. A room for the night from Friday to Saturday.

Umawiamy się na niedzielę [acc.]. We make a date for Sunday.

Exercise I

	Kazik	*Ewa*	*Tomek i Ola*	*Basia i Wanda*
Po.	kolega	zoo	klub jazzowy	biblioteka
Wt.	dom	plaża	ogród	ciocia
Śr.	wujek	zabawa	las	ogród botaniczny
Cz.	działka	muzeum	wycieczka	jezioro
Pt.	koncert	koleżanka	imieniny dziadka	klub
So.	mecz	babcia	kino	teatr
Nd.	park	basen	kościół	hala sportowa

For (a) to (d) refer to the above table and fill the gap with correct form of **być.**

(a) Today is Thursday. Kazik and Ewa are talking.

K: Gdzie _____ wczoraj?
E: _____ na zabawie. A ty _____ w kinie?
K: Nie. _____ u wujka. Gdzie _____ przedwczoraj?
E: _____ na plaży. A ty gdzie _____ ?
K: Cały dzień _____ w domu. _____ mi smutno.

(b) Tomek/Ola discuss their past activities with Basia/Wanda.

T/O: Gdzie _____ w środę?
B/W: _____ w ogrodzie botanicznym. A wy gdzie _____ ?

T/O: _____ w lesie. Gdzie _____ we czwartek?
B/W: _____ nad jeziorem. A wy _____ w mieście?
T/O: Nie, _____ na wycieczce.

(c) Today is Thursday. Kazik and Ewa are talking.

K: Czy _____ jutro w muzeum?
E: Nie, _____ u koleżanki. A ty gdzie _____ jutro?
K: _____ na koncercie.
E: A gdzie _____ dzisiaj wieczorem?
K: _____ na działce. Jest dużo owoców. A ty gdzie _____ w niedzielę?
E: Rano _____ na basenie. Potem, nie wiem. A ty?
K: Na basenie _____ już wiele razy. _____ w parku.

(d) Tomek/Ola discuss their future plans with Basia/Wanda.

T/O: Gdzie _____ w piątek wieczorem?
B/W: _____ w klubie. A wy gdzie _____ ?
T/O: _____ na imieninach dziadka. A kiedy _____ w teatrze?
B/W: W sobotę popołudniu. A w niedzielę _____ w hali sportowej?
T/O: Nie. _____ w kościele.

Exercise 2

Reply in the appropriate tense. If possible, replace names with a pronoun, and place with *tam* (there).

1. Gdzie była Basia w poniedziałek?
2. Gdzie będzie Kazik w sobotę?
3. Kto był w kościele w niedzielę?
4. Czy Kazik był w domu w poniedziałek?
5. Kto był we wtorek u cioci?
6. Czy Ewa będzie u koleżanki w sobotę?
7. W jakim klubie był Tomek i z kim?
8. Czy Ola będzie w kinie sama?
9. Kto był u dziadka na imieninach?
10. Kto będzie w ogrodzie botanicznym?

Exercise 3

Read the text and answer in Polish.

Dzwoni listonosz. Trzyma ogromną paczkę, list polecony, i dwa rachunki. Drzwi otwiera ośmioletni synek Pani Kowalskiej.

L: Czy jest Tatuś?

M: Nie. Jest w pracy.

L: Czy jest może Mama?

M: Mamy też nie ma. Pracuje od wpół do siódmej do wpół do jedenastej.

L: A Babcia albo Dziadek? Może są?

M: Nie. Oni mieszkają w Warszawie. Będą u nas w niedzielę.

L: A może jest siostra?

M: Nie mam siostry. Brat jest w szkole. Wraca o pierwszej.

L: A kto jest w domu oprócz ciebie?

M: Oprócz mnie? Nikt.

L: A kto się tobą opiekuje?

M: Pies, proszę Pana. Jest bardzo duży, bardzo zły i nie lubi listonoszy.

1.   Gdzie pracują listonosze?
2.   Ile lat ma dziecko w tej opowieści?
3.   Jakie zwierzę ma dziecko?
4.   Czy babcia mieszka w tym samym domu?
5.   Ile rzeczy ma listonosz dla rodziny?
6.   Ile godzin pracuje matka?
7.   O której godzinie zaczyna matka pracę?
8.   Ilu braci ma dziecko?
9.   Czy Pani Kowalska ma córkę?

Months; seasons; time expressions

Months and seasons

For 'in' with months and seasons use **w** and the locative case (but note exceptions with **na**). Note where **we** is used to aid pronunciation. All months are masculine. **Luty** was a masculine adjective meaning 'bleak' and behaves as such. Three seasons are feminine; one neuter.

	Nominative	Locative w (in), po (after)	Genitive od (from) do (to)	Instrumental przed (before)
Jan.	**styczeń**	styczniu	stycznia	styczniem
Feb.	**luty**	lutym	lutego	lutym
Mar.	**marzec**	marcu	marca	marcem
Apr.	**kwiecień**	kwietniu	kwietnia	kwietniem
May	**maj**	maju	maja	majem
June	**czerwiec**	czerwcu	czerwca	czerwcem
July	**lipiec**	lipcu	lipca	lipcem
Aug.	**sierpień**	sierpniu	sierpnia	sierpniem
Sept.	**wrzesień**	we wrześniu	września	wrześniem
Oct.	**październik**	październiku	października	październikiem
Nov.	**listopad**	listopadzie	listopada	listopadem
Dec.	**grudzień**	grudniu	grudnia	grudniem
spring	**wiosna** (f.)*	na wiosnę	wiosny	wiosną

	Nominative	Locative **w** (in) **po** (after)	Genitive **od** (from) **do** (to)	Instrumental **przed** (before)
summer	**lato** (n.)*	w lecie	lata	latem
autumn	**jesień** (f.)*	na jesieni	jesieni	jesienią
winter	**zima** (f.)*	w zimie	zimy	zimą

* Instrumental case alone = 'every' – *wiosną, latem, jesienią, zimą* (every spring, etc.).

You will soon meet these words in spoken Polish:

	day	week	month	year
Sing.				
Nom./acc.	dzień	tydzień	miesiąc	rok
Gen.	dnia	tygodnia	miesiąca	roku
Loc.	dniu	tygodniu	miesiącu	roku
Instr.	dniem	tygodniem	miesiącem	rokiem
Dat.	dniowi	tygodniowi	miesiącowi	rokowi
Plural				
Nom./acc.	dni*	tygodnie	miesiące	lata
Gen.	dni	tygodni	miesięcy	lat
Loc.	dniach	tygodniach	miesiącach	latach
Instr.	dniami	tygodniami	miesiącami	latami #
Dat.	dniom	tygodniom	miesiącom	latom

* *Dni* was used after numbers, e.g. *trzy dni*, used after but is now also used after adjectives, e.g. *ładne dni* and when 'days' is qualified, e.g. *dni mojego życia*. *Dnie* survives in rare phrases, e.g. *noce i dnie*.

\# Old form *laty* occurs in set phrases, e.g. *przed laty* (years ago).

Time expressions

Some really useful expressions are those with **co** (every), **temu** (ago), **zeszły** (last) and **przyszły** (next). Note the prepositions used with particular cases. Nouns following numbers above 4, **pół** (half) and **parę** (a few) stand in the genitive case.

co + nom.	=	*every*	Many expressions use
raz na + acc.	=	*once every*	Genitive case alone:

co minuta	co trzy dni	jednego/ pewnego dnia
co dwie minuty	co drugi dzień	*one day*
co parę minut	co tydzień	jednej/ pewnej nocy
co godzina	co dwa tygodnie	*one night*
co pół godziny	co osiem tygodni	każdego dnia
co parę godzin	co pięć miesięcy	*every day*
co rano	co rok	każdego wieczora
co wieczór	co pół roku	*each evening*
co niedziela	co dziesięć lat	
co kwiecień	raz na godzinę	
codziennie *daily*	dwa razy na dzień	

temu *ago*	zeszły *last*	przyszły *next*
minuta temu	With days, parts of days	– use acc.
trzy dni temu	With weeks, months, years – use loc.	
pięć miesięcy temu		
tydzień/ rok temu	w zeszły piątek	w przyszły wtorek
pół roku temu	w zeszłą środę	w przyszłą sobotę
sześć lat temu	w zeszłą noc	w przyszły wieczór
dawno temu	w zeszłym tygodniu	w przyszłym maju
Jak dawno temu?	w zeszłym miesiącu	w przyszłym roku

temu *ago*	zeszły *last*	przyszły *next*
od + gen. *from*	**dzisiaj** *today*	**jutro** *tomorrow*
do + gen. *to*	**wczoraj** *yesterday*	**pojutrze** *day after tomorrow*

od piątku do soboty	od wczoraj do jutra
od tygodnia	od dzisiaj do pojutrza
od trzech miesięcy	
od pięciu dni	Notice the tenses here:
od paru miesięcy	***Jestem* od piątku.**
od wielu lat	*I have been* here since Friday.
od dawna	***Będę* od piątku.**
	I will be here from Friday.

Cały whole (all); już + cały

The adjective **cały** means *whole*. **Już** + **cały** + **present tense**, means *to have been doing something for* . . . The word following **cały** is in the accusative case.

Cały rok pracuję.	I work all year round.
Całą sobotę byłam w pracy.	I was at work all Saturday.
Całą noc nie było spokoju.	There was no peace all night.
Już cały dzień pada deszcz.	It has been raining all day.
Już cały rok pracuję.	I've been working for a year.
Czekam już całą godzinę.	I've been waiting for a whole hour.

Exercise I

These tourists are visiting Poland. Write their replies in Polish. Use the verb given in the question or the one suggested in brackets.

	Rano	Popołudnie	Wieczór
Po.	Odpoczynek po podróży	Spacer po mieście	Wycieczka statkiem po okolicach
Wt.	Muzeum Drugiej Wojny Światowej	Na jagody!	Czas wolny
Śr.	Ogród botaniczny	Restauracja *Smakołyk* – obiad	Kino – film *Pan Tadeusz*
Cz.	Czas wolny	Hala sportowa – basen lub mecz piłki nożnej	Hotel *Biały Orzeł* – wieczór na wesoło – do północy
Pt.	Wycieczka do zamku Bilet wstępny 10zł.	Na zakupy! Dom towarowy	Filharmonia – koncert. Bilet 30 zł.
So.	Marsz w góry. Wracamy około ósmej UWAGA – Ciepła odzież i dobre buty konieczne!		21.00 – Późna kolacja – bezpłatne napoje
Nd.	Msza Święta – *Kościół Świętej Anny*	Proszę przygotować bagaże do wyjazdu	Klub Polski – zabawa bufetowa

1. Gdzie i kiedy kupujecie prezenty?
2. Kiedy słuchacie muzyki?
3. Kiedy zwiedzacie stare miasto?
4. Czy oglądacie film we wtorek?
5. Czy macie czas na obiad polski? (jeść)
6. Czy będziecie w kościele polskim?
7. Co robicie we środę rano?
8. Co robicie we czwartek? (pływać, grać, bawić się)
9. O czym pamiętacie w sobotę rano?
10. Ile kosztuje wstęp do zamku?

Exercise 2

Make sentences starting with **co** (every) and rearranging the given words,

e.g. Every Sunday, kościół, chodzić, ja.   *Co niedziela chodzę do kościoła.*

1. Every year, podwyżka, robotnicy, dostawać, wszyscy.
2. Every two minutes, w domu, telefon, u nas, dzwonić.
3. Every evening, kawiarnia, w, Marysia, pracować, nowa.

4. Every day, w, kupować, i bułki, my, mleko, sklep.
5. Every minute, nasza, przez, patrzyć, sąsiadka, okno.
6. Every week, klub polski, po, Paweł, do, chodzić, lekcje.
7. Every few years, praca, siostra, zmieniać, moja.
8. Every month, Kraków, rodzice, do, jeździć, samochód.
9. Every Saturday, czy, chodzić, na, wy, zabawa?
10. Every winter, Polska, śnieg, bardzo, być, w, dużo.

Exercise 3

cały dzień	cały tydzień	cały luty	cały wieczór
całą niedzielę	cały rok	całą noc	cały styczeń
całe lato	cały miesiąc	całą godzinę	cały czas

Insert the best phrase in each gap.

1. Pracuję cały dzień i _____ .
2. Anka już _____ nie ma pracy.
3. Pies _____ lata po ogrodzie.
4. _____ spędzam z rodziną.
5. _____ oglądamy telewizję.
6. _____ jest mróz w całym kraju.
7. Czekam na przyjaciół już _____ .
8. W Polsce _____ jest piękna pogoda.
9. Te głupie dzieci _____ się kłócą.
10. Dzieci _____ są w szkole.
11. W Polsce śpiewamy kolędy _____ .
12. Dwanaście miesięcy to _____ .

Exercise 4

Unjumble the sentences (check new words in vocabulary) (* from verb *lać, bić, wiać*).

1. Błyskawice w są maju czasem. I pioruny leje* deszcz biją*. Też bywają dni i ale ciepłe słoneczne.
2. Lato lipcu w mamy. Dzień lecie świeci cały w słońce. Nie gorąco i chmur niebie ma na jest.
3. To styczeń zima jeszcze. Zimno w pada i styczniu jest bardzo śnieg.
4. Pogodę lutym mamy w wstrętną. Mróz czasem a jest z śniegiem czasem deszcz. Samochodowe na bywają drogach wypadki śliskich.
5. To kwiecień wiosna – dni w ciepłych początek Polsce. Pierwsze są w kwiatki ogrodach już. Wieczorem śpiewają drzewach w rano i ptaki.

6. Jest na pogoda dosyć jesieni chłodna już. Jest wieje* czasem i mgła wiatr. Kolor padają liście z zmieniają i drzew.

Exercise 5

Translate into Polish. Use past tense of **być** and expressions with **temu**.

1. I (fem.) was in Poland two months ago.
2. Antek was with us five years ago.
3. Three days ago we (masc.) were on a trip.
4. Were you (fem. pl.) in Kraków a week ago?
5. Long ago there were no computers nor telephones.
6. How long ago were you (masc. sing.) in England?
7. Where was Marta a hour ago?

Dual-case prepositions

Some prepositions are always followed by a particular case, e.g. *bez matki* (gen.) and *przez okno* (acc.); others often have several meanings which require different cases:

Czekam **na** matkę (acc.).	I'm waiting **for** my mother.
Siedzę **na** krześle (loc.).	I'm sitting **on** the chair.
Patrzę **na** zegarek (acc.).	I'm looking **at** my watch.

Verbs of motion

In Polish, the accusative case expresses *motion*. When a verb implies *motion to/from*, the preposition after that verb is often followed not by the *locative* or *instrumental* case as you have learned, but by the *accusative*. Be careful; motion can seem present in English where there is none in Polish, e.g.

The child runs up and down the street (It is in the street [position] and is simply running).

The child runs into the street (It is on the pavement, then runs [motion] into the street).

Many verbs are pairs: one defines position, the other defines motion. Six we can practise are:

Position		*Motion*	
stać	to stand	**stawiać**	to put something in a standing position
siedzieć	to be seated	**siadać**	to sit down
leżeć	to lie, be lying	**kłaść**	to lay something in a lying position (**kłaść się** to lie down)

We met *leżeć* in Unit 25; *stać* and *siedzieć* in Unit 31. *Stawiać* and *siadać* act like *mieszkać*; *kłaść* like *iść*:

kłaść: kładę, kładziesz, kładzie, kładziemy, kładziecie, kładą.

Expressing 'in' and 'to'

Usually **w** + loc. translates *in*; **do** + gen. translates *motion into/towards*. But, if position or motion relate to an open area we use **na**.

w + loc. = *Position* **inside** enclosed area

Jestem w mieście, Warszawie, Polsce. Prezent jest w pudełku.

do + gen. = *Motion* **to** enclosed area
Jadę do miasta, Warszawy, Polski.

Kładę prezent do pudełka.

na + loc. = *Position* **inside** open area

Jestem na rynku, dworcu, ulicy.

na + acc. = *Motion* **to** open area

Idę na rynek, dworzec, ulicę.

A few, often multi-state, countries, and most geographical regions, use **na** for 'in/to'.

	Hungary Węgry	Near East Bliski Wschód *	Silesia Śląsk	Carpathians Karpaty [pl.]
in = **na** + loc.	na Węgrzech	na Bliskim Wschodzie	na Śląsku	na Karpatach
to = **na** + acc.	na Węgry	na Bliski Wschód	Śląsk	Karpaty

* Sim. **Daleki Wschód**

Locative to accusative change

This change most often occurs with **na** (on/onto). It occurs with **w** (in/into) when the associated noun is an open area, e.g. hills, market place, fog, water. It occurs with **po** and **o** mostly in idioms.

Position = loc.	Motion = acc.
na, o, po, w	na, o, po, w

Pracuję na poczcie.	**Idę na pocztę.**
I work at the post office.	I'm going to the post office.
Wazon stoi na stole.	**Stawiam wazon na stół.**
The vase stands on the table.	I stand the vase on the table.
Sweter leży na półce.	**Kładę sweter na półkę.**
The jumper is lying on the shelf.	I lay the jumper on the shelf.
Jestem na urlopie.	**Jadę na urlop.**
I am on holiday.	I'm going on holiday.
Po obiedzie gramy w karty.	**Idę po obiad.**
We play cards after lunch.	I'm going to fetch the lunch.
Zawsze zapominam o gazecie.	**Proszę o gazetę.**
I always forget the newspaper.	I ask for a paper.
W lesie są jagody.	**Pies ucieka w las.**
There are berries in the forest.	The dog runs off into the forest.
W górach jest śnieg.	**Jedziemy w góry.**
There is snow in the hills.	We are driving into the hills.

Instrumental to accusative change

Position = instr.	Motion = acc.
między, nad, pod, przed, za	między, nad, pod, przed, za

Siedzę między ludźmi.	**Siadam między ludzi.**
I'm sitting between people.	I sit down among people.
Jesteśmy nad morzem.	**Jedziemy nad morze.**
We are at the seaside.	We're going to the seaside.
Pies leży pod łóżkiem.	**Pies kładzie się pod łóżko.**
The dog is lying under the bed.	The dog lies down under the bed.
Kot siedzi przed płotem.	**Kot wychodzi przed płot.**
The cat is sitting in front of the fence.	The cat comes out in front of the fence.

Position = instr. między, nad, pod, przed, za	Motion = acc. między, nad, pod, przed, za
Tomek mieszka za granicą. Tom lives abroad.	**Tomek jedzie za granicę.** Tom is going abroad.
Dziecko jest za drzwiami. The child is behind the door.	**Dziecko chowa się za drzwi.** The child hides behind the door.

Exercise 1

In each pair of sentences the same noun is omitted. Find it, then write its correct form (acc. or loc.) in the gap.

sankach	spacery	wycieczce	góry
sanki	spacerach	wycieczkę	górach
imieninach	lekcje	drzewach	
imieniny	lekcjach	drzewa	

1. W _____ było dużo śniegu. Kiedy jedziemy w _____ ?
2. Idę do koleżanki na _____ . Czy byliście u kolegi na
   _____ ?
3. Górale jeżdżą na _____ . Góral siada na _____ i
   jedzie do lasu.
4. W lecie chodzimy na
   _____ . Na _____ spotykamy
   kolegów.
5. Ola była wczoraj na _____ . Jadę jutro na _____ .
6. Na jesieni są złote liście Ptaki siadają na _____ i
   na _____ . śpiewają.
7. O której idziesz na _____ . W piątek byliśmy na _____ .

Exercise 2

Insert the correct form of the verb. Write the noun in brackets in its correct form (acc. or instr.).

1. Kot zawsze (leżeć) pod (krzak).
2. Kot zawsze (uciekać) pod (krzak).
3. Dzieci (chować się) za (płot).
4. Za (płot) (być – past) ładne ogrody.
5. Nad (morze) (być – future) piękne plaże.
6. Kasia (jechać) nad (morze).

7. Między (studenci) (być – past) Francuzi.
8. Nauczyciel (siadać) między (studenci).
9. (ja, jechać) za (miasto).
10. Za (miasto) (być – future) las.

Exercise 3

Insert the correct form of the verb. Then, decide which case (acc. or loc.) follows **na**.

1. Kwiaty (stać) na (stół). Pani (stawiać) wazon kwiatów na (stół).
2. Czy ty (być) w przyszłym roku na (studia)? Ty kiedy (jechać) na (studia)?
3. Ojciec (pracować) na (poczta). Czy wy (iść) na (poczta)?
4. Ja (być) jutro na (urlop). Ja (jechać) jutro na (urlop).
5. Książki (leżeć) na (półka). Profesor (kłaść) książkę na (półka).
6. Dzieci (iść) na (spacer). My (być) wczoraj na (spacer).
7. Chłopiec (siedzieć) na (kanapa). Rodzice (siadać) na (kanapa).
8. Ciocia (mieszkać) na (Węgry). My (jechać) na (Węgry).

Key to exercises

Unit 1

Exercise 1 2. piękna 4. dobra 5. dobra 7. stare 8. piękne 11. stary 16. piękna

Exercise 2 A: 2i, 3b, 4a, 5c, 6h, 7d, 8f, 9e
B: 1. jakie 2. jakie 3. jaki 4. jaka 5. jaki 6. jaki 8. jaka 9. jaka
C: 1. smaczne 2. małe 3. wysoki 4. miła 5. słoneczny 6. duży 8. zimna 9. trudna

Exercise 3 1. On jest wysoki. 2. Ono jest stare. 3. On jest znany. 4. Ona jest ładna. 5. Ona jest biała. 6. On jest duży. 7. Ono jest smutne. 8. On jest inteligentny.

Exercise 4 1. duży czerwony 2. wesoły stary 3. drogie warszawskie 4. pyszne słodkie 5. stara polska 6. cicha zimowa 7. ładna młoda

Exercise 5 1. . . . młoda i mądra 2. . . . biedna i głupia 3. . . . niska i piękna 4. . . . miła i wesoła 5. . . . bogata i inteligentna 6. . . . głodna i zmęczona

Unit 2

Exercise 1 ptaki, okna, kwiaty, dziewczyny, muzea, numery, pola, telefony, drogi, morza, kobiety, sklepy, siostry, zdjęcia, pociągi, szkoły, jabłka, koleżanki, mieszkania, sąsiadki

Exercise 2 2. ulice . . . wąskie 3. aleje . . . szerokie 4. owce . . . białe 5. kuchnie . . . ciepłe 6. lekcje . . . trudne 7. sale . . . zajęte 8. babcie . . . miłe

Exercise 3 1. duże kapelusze 2. polskie pałace 3. kolorowe parasole 4. wygodne hotele 5. piękne kraje 6. ciemne noce 7. smaczne owoce 8. niebieskie talerze 9. długie miesiące 10. małe klucze 11. smutne twarze 12. krótkie podróże

Exercise 4 1. konie 2. miłości 3. jabłonie 4. liście 5. nici 6. pieśni 7. opowieści 8. ognie 9. tygodnie 10. wsie 11. gałęzie 12. łodzie

Exercise 5   1. otwarte. One nie są zamknięte. 2. drogie. One nie są tanie. 3. krótkie. One nie są długie. 4. nowe. One nie są stare.
Exercise 6   1. niemowlęta. Niemowlęta są zmęczone. 2. imiona. Polskie imiona są trudne. 3. zwierzęta. Zwierzęta są miłe. 4. dziewczęta. Angielskie dziewczęta są piękne. 5. kurczęta. Małe kurczęta są żółte.

Unit 3

Exercise 1   a) malarze, poeci, fryzjerze, kierowcy, ogrodnicy, specjaliści
b) synowie, bracia, ojcowie, wujkowie, chłopcy, koledzy
Exercise 2   a) 1. biedni 2. chore 3. szczęśliwe 4. zmęczeni 5. dobrzy 6. zajęte 7. smutni 8. głodni
b) 9. zadowolone 10. starzy 11. młodzi 12. bogate
c) 1. oni 2. one 3. one 4. oni 5. oni 6. one 7. oni 8. oni 9. one 10. oni 11. oni 12. one
Exercise 3   1b, 2g, 3f, 4i, 5a, 6c, 7h, 8j, 9d, 10e
Exercise 4   a) 1. polscy 2. rosyjscy 3. szkoccy 4. norwescy 5. angielscy 6. niemieccy 7. włoscy 8. japońscy 9. belgijscy 10. francuscy 11. greccy 12. hiszpańscy
b) 1c, 2f, 3k, 4h, 5g, 6a, 7d, 8e, 9l, 10b, 11i, 12j
Exercise 5   1c, 2b, 3e, 4b, 5b, 6d, 7e, 8e, 9a, 10b, 11e, 12b, 13e, 14e, 15b

Unit 4

Exercise 1   1. ma 2. mają 3. ma 4. mamy 5. mają 6. ma 7. macie 8. mają 9. masz 10. mają 11. mam 12. ma 13. mają 14. ma 15. mają 16. ma 17. ma 18. mają
Exercise 2   1. czekoladowe jajko 2. polską książkę 3. trudne nazwisko 4. małą córkę 5. zieloną suknię 6. wysokie drzewo 7. szeroką rzekę 8. angielskie imię
Exercise 3   1. białe okna 2. smaczne kiełbasy 3. dobre siostry 4. wąskie ulice 5. duże pola 6. trudne lekcje 7. stare mieszkania 8. dobre dzieci
Exercise 4   1. świeże, świeże masło 2. miła, miłą ciocię 3. tanie, tanie mleko 4. stara, starą żonę 5. drogie, drogie mięso 6. młode, młode nauczycielki 7. różowe, różowe suknie

Unit 5

Exercise 1   1. śpiewam 2. otwierają. 3. odwiedza 4. zna 5. pamiętasz 6. śpiewa 7. witamy 8. kochają 9. zwiedzacie 10. czytają 11. zamyka 12. pamiętają

Exercise 2 1c, 2e, 3b, 4h, 5d, 6a, 7f, 8g
Exercise 3 a). 1. . . . czyta trudną książkę. 2. . . . zwiedza nową szkołę. 3. . . . znam biedną sąsiadkę. 4. . . . pamięta starą kawiarnię. 5. . . . kocha piękną dziewczynę. 6. . . . odwiedza młodą panią. 7. . . . śpiewa polską pieśń. 8. . . . witasz miłą koleżankę.
b). 1. Lekarze czytają trudne książki. 2. Koledzy zwiedzają nowe szkoły. 3. My znamy biedne sąsiadki. 4. One pamiętają stare kawiarnie. 5. Chłopcy kochają piękne dziewczyny. 6. Mężczyźni odwiedzają młode panie. 7 Dzieci śpiewają polskie pieśni. 8. Wy witacie miłe koleżanki.

Unit 6

Exercise 1 1. . . . ma duży, piękny dom. 2. . . . mają dobre, drogie ołówki. 3. . . . zwiedzamy stary zamek. 4. . . . wita miłe białe króliki. 5. . . . śpiewają hymn narodowy.
Exercise 2 samochód, rower, stół, paszport, talerz, hotel, pociąg, ser, kraj. Rest are masculine 'alive' nouns.
Exercise 3 1. Zosia śpiewa wesołą pieśń. 2. Antek zna stary zamek. 3. (Ja) czytam polską gazetę. 4. Zwiedzają piękne miasto. 5. Chłopiec otwiera duże okno. 6. Babcia odwiedza biedne dziecko.
Exercise 4 1. (On) zamyka duże okna. 2. Kochamy szare króliki. 3. Franek pamięta stare samochody. 4. Znamy nowe sklepy. 5. Odwiedzamy babcię. 6. (Oni) czytają francuskie książki. 7. Ona kocha polskie domy. 8. On zwiedza niemieckie miasta.

Unit 7

Exercise 1 1. . . . gramy w karty. 2. . . ., pytam o adres. 3. . . . zapraszam na przyjęcie. 4. . . . narzekamy na dziecko. 5. . . . pytamy o drogę. 6. . . . gram w piłkę nożną.
Exercise 2 1. narzeka 2. przepraszam 3. narzekają 4. dziękuję 5. zapraszają 6. patrzę 7. pytacie 8. jadę
Exercise 3 1. pytamy, siostrę 2. czekacie, babcię 3. przeprasza, spóźnienie 4. pyta, godzinę 5. grają, piłkę nożną 6. narzeka, matkę 7. rozmawiają, telefon
Exercise 4 1. Chłopiec czeka na pociąg. 2. Marta przeprasza za kłopot. 3. Agata ma czas na kawę. 4. Dzwonię po taksówkę. 5. Idę po chleb. 6. Dziękuję za obiad. 7. Tomek zaprasza dziewczynkę na zabawę. 8. Proszę o pieniądze.
Exercise 5 1. gazetę 2. Warszawę 3. prezent 4. okno 5. taksówkę 6. pieniądze 7. zdjęcie 8. Teresę 9. las 10. spacer

Unit 8

Exercise 1 syna, młodzieńca, malarza, Anglika, dentystę, Tomka, nauczyciela, psa, kota, sprzedawcę, męża, chłopca, gościa, kolegę, wujka, fryzjera, ojca, ucznia

Exercise 2 1. Kogo kochasz? Kocham brata. 2. Kogo pamiętasz? Pamiętam dziadka. 3. Kogo kochasz? Kocham męża. 4. Kogo odwiedzasz? Odwiedzam kolegę. 5. Kogo znasz? Znam mężczyznę. 6. Kogo witasz? Witam gościa. 7. Kogo kochasz? Kocham psa. 8. Kogo odwiedzasz? Odwiedzam chłopca.

Exercise 3 1. Córki . . . nauczycielkę. 2. Pani . . . koleżankę. 3. Ciocia . . . córkę. 4. . . . siostrę. 5. . . . sąsiadkę. 6. . . . lekarkę. 7. Wnuczka . . . babcię. 8. Polki . . . Angielkę.

Unit 9

Exercise 1 profesorów malarzy Anglików kolegów artystów towarzyszy Rosjanów żołnierzy nauczycieli sklepikarzy

Exercise 2 1. One kochają Francuzów. 2. Znamy lekarzy. 3. Ona zna Amerykanów. 4. On ma braci. 5. Kocham nauczycieli. 6. Oni pamiętają studentów. 7. Pamiętam listonoszy. 8. Wy znacie inżynierów. 9. Ty odwiedzasz przyjaciół. 10. Pamiętamy specjalistów.

Exercise 3 1. Żony narzekają na mężów. 2. Marta czeka na kolegę. 3. Patrzę na psa. 4. Ojcowie narzekają na chłopców. 5. Czekamy na kolegów. 6. Idę po męża. 7. Angielskie panie pytają o gości. 8. Dzwonię po lekarza. 9. Małe dzieci pytają o dziadka. 10. Polscy turyści czekają na kierowcę.

Unit 10

Exercise 1 2. pieśń, ją 3. nauczycielkę, ją 4. ołówek, go 5. ciocię, ją 6. okna, je 7. drzwi, je 8. kolegę, go 9. wujka, go 10. dziadka, go 11. gazetę, ją 12. dziecko, je

Exercise 2 1. ją, nią 2. go, niego 3. je, nie 4. ich, nich 5. je, nie 6. go, niego

Exercise 3 1. nas 2. nich 3. niego 4. nią 5. ją 6. ich 7. nas 8. ciebie 9. mnie 10. cię

Exercise 4 1. Nauczycielki narzekają na nie. 2. Chłopcy kochają nas. 3. Czekamy na was. 4. Pamiętacie nas? 5. Znamy ich. 6. Koledzy zapraszają je. 7. Kochamy was. 8. Ojcowie narzekają na nich. 9. Pytamy o nie. 10. Zapraszamy was na lody.

Exercise 5 1h, 2f, 3g, 4l, 5k, 6c, 7j, 8e, 9a, 10d, 11i, 12b

Unit 11

Exercise 1 1. kota 2. stołu 3. dzbana 4. samochodu 5. garnka
6. barana 7. słoika 8. chleba 9. sera 10. obiadu 11. buta 12. kalafiora
13. sklepu 14. dywanu 15. grzyba 16. ziemniaka
Exercise 2 1. ma. Dom siostry jest ładny. 2. odwiedza. Babcia dziecka
jest stara. 3. ma. Pole ojca jest małe. 4. kocha. Rower wujka jest stary.
5. czyta. Książka Teresy jest trudna. 6. ma. Mleko kota jest świeże.
7. kocha. Dziewczyna Antka jest piękna. 8. ma. Taksówka kierowcy
jest nowa.
Exercise 3 1. koniec burzy 2. początek lekcji 3. koniec alei 4. początek
podróży 5. koniec pieśni 6. początek wakacji 7. koniec opowieści
8. początek melodii 9. koniec jesieni

Unit 12

Exercise 1 1. matki, matek 2. wojska, wojsk 3. lekarki, lekarek
4. jabłka, jabłek 5. córki, córek 6. łóżka, łóżek 7. nazwiska, nazwisk
8. bluzki, bluzek
Exercise 2 1. wujka, wujków 2. słoika, słoików 3. kieliszka, kieliszków
4. patyka, patyków 5. czajnika, czajników 6. sznurka, sznurków
Exercise 3 1. Czyj . . . dom. . . . dom studentów.
2. Czyja . . . zabawka. . . . zabawka braci.
3. Czyje . . . jedzenie. . . . jedzenie psów.
4. Czyja . . . ciocia. . . . ciocia sióstr.
5. Czyj . . . klub. . . . klub Polaków.
6. Czyje . . . czasopismo. . . . czasopismo rodziców.
7. Czyj . . . autobus. . . . autobus turystów.
8. Czyja . . . lalka. . . . lalka córek.
9. Czyje . . . zdjęcie. . . . zdjęcie koleżanek.
10. Czyj . . . obiad. . . . obiad dzieci.
11. Czyja . . . sypialnia. . . . sypialnia synów.
12. Czyje . . . mieszkanie. . . . mieszkanie panów.
13. Czyja . . . sąsiadka. . . . sąsiadka kolegów.
14. Czyje . . . miasto. . . . miasto przyjaciół.

Unit 13

Exercise 1 wesołego, wesołej, wesołych; drogiego, drogiej, drogich:
młodego, młodej, młodych; głupiego, głupiej, głupich; ciekawego,
ciekawej, ciekawych; chorego, chorej, chorych; wielkiego, wielkiej,

wielkich; bogatego, bogatej, bogatych; biednego, biednej, biednych;
angielskiego, angielskiej, angielskich

Exercise 2 1. brytyjskiego chłopca 2. miłego wujka 3. małego brata
4. zmęczonego pana 5. czarnego psa 6. młodej matki 7. niskiej
dziewczynki 8. ładnej siostry 9. pięknego zwierzęcia 10. niebieskiego
morza 11. nowego miasta 12. dużego muzeum

Exercise 3 1. Malutkie niemowlę ma niskie łóżeczko. Łóżeczko
malutkiego niemowlęcia jest niskie. 2. Bogaty biznesmen ma drogi
samochód. Samochód bogatego biznesmena jest drogi. 3. Miła babcia
kocha czarnego kota. Kot miłej babci jest czarny. 4. Małe dziecko
ma nową zabawkę. Zabawka małego dziecka jest nowa. 6. Stary
pan ma siwe włosy. Włosy starego pana są siwe. 8. Piękna pani ma
ładną suknię. Suknia pięknej pani jest ładna. 9. Biedna studentka
czyta tanią gazetę. Gazeta biednej studentki jest tania. 10. Duża rodzina
ma duże mieszkanie. Mieszkanie dużej rodziny jest duże. 11. Polski
profesor czyta trudne czasopismo. Czasopismo polskiego profesora jest
trudne. 12. Młody mąż kocha młodą żonę. Żona młodego męża jest
młoda.

Exercise 4 1. nowego kolegi 2. starego kierowcy 3. polskiego artysty
4. bogatego sprzedawcy 5. włoskiego turysty

Exercise 5 1. czyje, polskich studentek 2. czyje, starych profesorów
3. czyje, młodych braci 4. czyj, dobrych kolegów 5. czyje, angielskich
nauczycieli 6. czyje, pięknych pań 7. czyja, białych królików 8. czyje,
ślicznych sióstr

Exercise 6 1. czekamy, mądrych nauczycieli 2. kocha, dobrego męża
3. Ja dzwonię, znajomego lekarza 4. wita, miłego wnuka 5. pytasz,
starego dziadka 6. znają, nowych studentów 7. patrzę, przystojnych
chłopców 8. pamiętacie, młodych panów 9. narzeka, leniwych synów
10. odwiedzamy, grzecznych kolegów

Unit 14

Exercise 1 (a) teatru, banku, kościoła, domu, zamku, ogrodu, lasu
(b) kolegów, braci, rodziców, przyjaciół, studentów
(c) kwiaciarni, apteki, szkoły, księgarni, toalety
(d) kina, muzeum, mieszkania, dziecka, łóżka

Exercise 2 (a) telefonu, radia, magnetowidu, telewizora, światła,
lodówki, centralnego ogrzewania
(b) wujka, ciotki, babci, siostry, brata, syna, córki, Mamy, ojca, dziadka

Exercise 3 1. Polaków, Polek 2. sióstr, braci 3. nauczycieli, nauczycielek
4. wnuków, wnuczek 5. sklepów, banków, biur. 6. bułek, jaj 7. koncertów,
sztuk

Exercise 4   1. nowej szkoły 2. dobrej koleżanki 3. ładnego parku 4. starego muzeum 5. miłego kolegi 6. długiego koncertu 7. małej siostry 8. czerwonych róż 9. grzecznych dzieci 10. młodego wnuka
Exercise 5   1h/z, 2g/bez, 3e/od, 4b/do, 5i/dla, 6a/z, 7j/od, 8c/do, 9f/do, 10d/od

Unit 15

Exercise 1   1. taniego słownika 2. matki, ojca 3. dobrych książek 4. cukierków, czekoladek 5. polskich kolęd 6. czarnego psa
Exercise 2   1. szuka, ołówków 2. słuchasz, muzyki 3. słuchacie, programu 4. szuka, kota 5. słuchają, orkiestry 6. szukam, dobrej kawiarni 7. słucha, polskiej pieśni 8. szukasz, nowego mieszkania
Exercise 3   2g, 3i, 4a, 5j, 6b, 7d, 8c, 9h, 10e
Exercise 4   1. chleba, masła, kiełbasy, sera, ogórka, cebuli, pomidorów, jajek
2. ołówków, kredek, papieru, długopisów, linijki, komputera
Exercise 5   1. brata, niego 2. babci, dziadka, nich 3. Agaty, niej 4. panów, pań, nich 5. samochodu, niego 6. mieszkania, niego 7. dzieci, nich 8. pracy, niej
Exercise 6   1. ich 2. niego 3. niej 4. cię 5. mnie

Unit 16

Exercise 1   1. nauczyciela 2. umiem 3. kiełbasę 4. jedzą 5. mieszka 6. umieją 7. jest *not* są 8. umie
Exercise 2   1. kiedy. My daughter knows when there is a bus to Kraków. 2. gdzie. I don't know where the post office is. 3. że. The tourists know that the trip is expensive. 4. gdzie. We don't remember where they live. 5. że. The father knows that his son is lazy. 6. kiedy. Don't you know when you have your exam? 7. że. The child knows that fruit is healthy. 8. kiedy. You (to a lady) don't know when the bank is open?
Exercise 3   1. Anka zna Warszawę i Kraków. 2. Kasia umie czytać i pisać. 3. Matka wie, kiedy dziecko jest chore. 4. Chłopiec umie pływać. 5. Wiem, że masz czas na kawę. 6. Wiem, gdzie Piotr mieszka. 7. Mężczyźni znają nauczycieli. 8. Wiemy, że znasz Magdę.
Exercise 4   1g, 2e, 3d, 4f, 5b, 6c, 7h, 8a
Exercise 5   1. jedzą, wujka, rodziny 2. rozumiem, pomocy 3. wiedzą, cioci 4. banku, wiem, szkoły 5. zimnej pogody, je 6. umiecie, parku, kościoła 7. wie, zna 8. rozumieją, Warszawy

201

Unit 17

Exercise 1 jedno, jedna, jedna, jeden, jeden, jeden, jedno, jedna, jeden, jedna, jedno, jeden, jeden, jedno, jedna, jedno, jeden, jedno, jedna, jedno

Exercise 2 dwie, dwa, dwie, dwa, dwa, dwaj, dwie, dwa, dwoje, dwaj, dwa, dwa, dwie, dwaj, dwa, dwoje, dwie, dwoje, dwa, dwa, dwoje, dwie, dwa

Exercise 3 1. jedną 2. jednego, jedną, jedno 3. jedną, jedną 4. jednego, jedną 5. jedną, jeden, jeden 6. jednego, jedną 7. jedno, jedne

Exercise 4 1. trzech 2. trzy 3. cztery 4. czworo 5. cztery 6. trzej 7. czterech 8. troje 9. czterej 10. trzech

Exercise 5 trzy tramwaje, dwie dziewczynki, cztery jabłka, dwa stoły, trzy krzesła, dwoje drzwi, cztery panie, dwaj mężczyźni, cztery koty, dwa miasta, trzy kawy, dwie róże, cztery samochody, trzej studenci, dwa mieszkania, trzy pokoje, dwie herbaty, dwoje dzieci

Unit 18

Exercise 1 1. studentów 2. pieniędzy 3. pociągów 4. czasu 5. słońca 6. koleżanek 7. mieszkań 8. ludzi 9. dzieci 10. masła 11. deszczu 12. kawy

Exercise 2 1. wiele talerzy 2. wielu profesorów 3. wiele samochodów 4. wiele pań 5. dużo pracy 6. wielu mężczyzn 7. dużo wody 8. wielu chłopców 9. wiele studentek 10. dużo piwa 11. wiele nauczycielek 12. wielu nauczycieli

Exercise 3 1. tyle 2. tyle 3. tyle 4. tyle 5. tylu 6. tyle 7. tylu 8. tyle 9. tyle 10. tyle 11. tyle 12. tyle 13. tylu 14. tyle 15. tyle 16. tyle

Exercise 4 1. kupuje, kwiatów 2. kupuje, cukierków 3. kupują, chleba 4. kupuję, bułek 5. kupuje, kawy 6. kupujemy, soku 7. kupuje, wina 8. kupujesz, róż 9. kupujecie, kiełbasy 10. kupują, truskawek

Exercise 5 1. jajek, dziesięć 2. dżemu, słoiki 3. chleba, bochenka 4. gruszek, kilogramy 5. herbaty, paczek 6. mleka, litrów 7. masła, kilograma

Exercise 6 kolegów, przyjaciół, synów, nauczycieli, turystów, malarzy, braci, sąsiadów, Polaków, Niemców, Anglików

Exercise 7 1 pair of gloves, rękawiczka, rękawiczki; 5 pairs of shoes, but, buty; 8 pairs of socks, skarpeta, skarpety; 2 pairs of glasses, no sing., okulary; 10 pairs of knickers, no sing., majtki; 6 pairs of trousers, no sing., spodnie

Exercise 8 dziesięciu chłopców, sześć dziewczynek/dziewcząt, dwanaście miesięcy, pięciu turystów, siedemnaście samochodów, dwadzieścia pań, czternaście dni, siedmiu lekarzy, dziewięć kobiet, trzynaście tygodni, piętnaście dzieci, ośmiu mężczyzn, jedenaście jabłek, szesnaście zwierząt, osiemnastu panów, dziewiętnaście lat

Unit 19

Exercise 1 1. córki, pierwsza, dziesięć, lat, druga, pięć, lat, trzecia, córka, imię, młoda *or* mała, dwa, lata. 2. troje, dwóch, jedną, pierwszy, dziewięć, lat, ma, drugi, cztery, lata, Tomek, sześć, miesięcy, na, Krupska

Exercise 2 1. pierwszego, drogie 2. drugie 3. trzeci, czerwony 4. czwartą 5. dziesiąta, trudna 6. pierwsza, dobra, ostatnia, nudna 7. pierwsze, długie, następne, krótkie 8. pierwszy, francuski, następny, niemiecki

Exercise 3 1. piąty 2. czwartą 3. trzecią 4. drugie 5. ostatnie 6. pierwsze 7. następny 8. ostatnią

Exercise 4 1. trzec- with endings: -ia, -i, -ie, -i, -ie, -i, -ia 2. szóst- with endings: -e, -a, -e, -y, -y, -a 3. piętnast- with endings: -a, -e, -y, -a, -y, -y

Exercise 5 Valid: 1i, 2g, 6c, 7j, 9b

Unit 20

Exercise 1 1. Co 2. Gdzie 3. Kto 4. Kiedy 5. Kto 6. Co 7. Kiedy 8. Gdzie

Exercise 2 1. gdzie 2. kto 3. jak 4. dlaczego 5. czy 6. gdzie 7. co 8. czy 9. kiedy

Exercise 3 1. Pani, kupuje 2. Państwo, wracają 3. Panie, znają 4. Panowie, jedzą 5. Panienka, je 6. Pan, narzeka 7. Państwo, czekają

Exercise 4 1. Co kupujesz? 2. Kiedy wracacie? 3. Czy znacie polski teatr? 4. Gdzie jecie obiad? 5. Czy jesz lody? 6. Dlaczego narzekasz na syna? 7. Czy czekacie na autobus?

Unit 21

Exercise 1 1. pracują 2. zdaje 3. dziękują 4. maluje 5. rezerwują 6. sprzedają 7. gotuje 8. całuje 9. studiują 10. podróżuje

Exercise 2 1. wstaję 2. dostaję 3. rozdajemy 4. zostajemy 5. nadajemy 6. oddaję

Exercise 3 1. rodzice, wychowywać 2. nauczyciele, wykonywać 3. turystki, pokazywać 4. pracownik, otrzymywać 5. dziadek, wychowywać 6. kierownik, pokazywać 7. kierowca, zatrzymywać 8. ojciec, utrzymywać

Exercise 4   1. podskakuje 2. kupujemy, nadajemy 3. choruje 4. podaje
5. kosztujemy 6. rezerwują 7. kosztują 8. nadaje, informuje 9. budują
10. telefonujemy

Unit 22

Exercise 1   1. . . . nie ma przystojnego brata. 2. . . . nie zna młodej
nauczycielki. 3. . . . nie ma dobrego syna. 4. . . . nie ma grzecznej
córki. 5. . . . nie kocha czarnego kota. 6. . . . nie kupuje soku
owocowego. 7. . . . nie wita starego przyjaciela. 8. . . . nie ma dużego
mieszkania. 9. . . . nie kupuje nowego samochodu. 10. Nie gotuję zupy
pomidorowej.
Exercise 2   1. Nigdy nie fotografujemy gór. 2. Nigdzie nie ma lasów.
3. Nikt nie je pierogów. 4. Nigdzie nie ma bloków. 5. Nigdy nie jem
ciastek. 6. Nikt nie ma pieniędzy.
Exercise 3   1. Nie ma nic trudnego. 2. Wszystko jest złe. 3. Nie ma nic
brzydkiego. 4. Wszystko jest stare. 5. Nie ma nic zimnego. 6. Wszystko
jest drogie.
Exercise 4   1. . . . ani gazet, ani czasopism. 2. . . . i kiełbasę, i szynkę.
3. . . . ani psa, ani kota. 4. . . . i syna, i córkę. 5. . . . ani skarpet, ani
butów. 6. . . . i spódnicę, i bluzkę. 7. . . . ani zamku, ani kościoła.
8. . . . ani babci, ani ciotki.
Exercise 5   dzbanka, filiżanek, szklanek, kawy, wody, urody

Unit 23

Exercise 1   (a) Polce, koleżance, Jadwidze, koledze, siostrze, Barbarze,
poecie, Danucie, turyście
(b) cioci, Basi, Zuzi, pani, Izabeli, Zofii, Alicji
(c) ojcu, bratu, psu, kotu, chłopcu, panu
Exercise 2   1. biednemu przyjacielowi 2. angielskiemu uczniowi
3. polskiemu gościowi 4. młodemu Anglikowi 5. małemu wnuczkowi
6. staremu sąsiadowi 7. miłemu mężowi 8. choremu pacjentowi.
Exercise 3   1. podaje, mężczyźnie 2. kupuje, żonie 3. dziękuje, mężowi
4. pomaga, koledze 5. opowiadamy, dziecku 6. pożycza, dziewczynie
7. daje, panu 8. oddają, nauczycielowi 9. podaje, nauczycielce
10. odpowiadają, dziadkowi
Exercise 4   1. życzy, miłemu koledze 2. służy, choremu dziecku
3. życzycie, nieszczęśliwej koleżance 4. wierzę, złej sąsiadce 5. tłumaczy,
nowemu studentowi 6. służy, bogatemu gościowi 7. życzymy, kochanej
babci

Exercise 1 (a) sąsiadom, lekarzom, robotnikom, paniom, sklepikarkom, siostrom, zwierzętom, Polakom, Francuzom, Amerykanom, ludziom (b) synom, córkom, kolegom, nauczycielom, profesorom, dzieciom, dziewczynkom, rodzicom, przyjaciołom
Exercise 2 dobrym, drogim, miłym, angielskim, nowym, głupim, francuskim, młodym, wesołym, smutnym
Exercise 3 1. Studenci dziękują miłym nauczycielom. 2. Nie ufamy złym sąsiadom. 3. Kiedy oddajecie książki pięknym koleżankom? 4. Czy oni pomagają małym dzieciom? 5. One pokazują zdjęcia polskim ludziom. 6. Dziadkowie opowiadają bajki grzecznym wnukom. 7. Kelnerze podają obiady głodnym mężczyznom. 8. Matki wysyłają paczki biednym synom. 9. Bracia dokuczają głupim siostrom.

Unit 25

Exercise 1 1. liczą 2. uczą 3. straszą 4. ważymy 5. znaczą 6. kończysz 7. tańczą 8. leżą
Exercise 2 1. ... patrzymy na obraz. 2. ... nie liczę pieniędzy. 3. ... kończę pracy. 4. ... nie tańczymy. 5. ... nie krzyczę na dziecko. 6. ... ważymy owoców. 7. ... uczę dziecka 8. ... suszymy bielizny
Exercise 3 1. leżycie 2. patrzy 3. liczą 4. krzyczymy 5. straszysz 6. ważę 7. słyszy 8. uczycie 9. tańczę 10. znaczy 11. kończymy 12. suszą
Exercise 4 1. liczy 2. słyszy 3. patrzymy 4. krzyczy 5. uczy 6. życzy 7. służą 8. kończysz 9. wierzą
Exercise 5 Wszyscy są zadowoleni. Wszyscy mają i czas, i pieniądze. Wszyscy kupują kolegom prezenty. Wszyscy odwiedzają rodzinę. Wszyscy zwiedzają dalekie kraje. Wszyscy czytają piękne książki. Zawsze są i autobusy, i pociągi. Zawsze jest ciepła, słoneczna pogoda. Dzieci zawsze pomagają rodzicom. Wszędzie są grzeczni ludzie. Wszędzie są tanie mieszkania. Wszyscy sklepikarze sprzedają tanie rzeczy.

Unit 26

Exercise 1 mu, jej, mu, mu, jej, mu, mu, jej, mu, jej
Exercise 2 1. niemu 2. nim 3. nim 4. niej 5. niemu 6. nim 7. niej 8. nim
Exercise 3 1. mu 2. jej 3. ci 4. im 5. nam 6. im 7. wam 8. mi
Exercise 4 1. im 2. ci 3. jej 4. nam 5. mi 6. im 7. mu 8. im 9. mu 10. jej 11. wam 12. jej

Unit 27

Exercise 1 1. mówimy 2. płacę 3. chodzą 4. palą 5. prowadzi 6. robisz 7. lubicie 8. wątpią 9. radzę 10. dzwoni
Exercise 2 2. uśmiecha się 3. bawią się 4. goli się 5. wstydzi się 6. martwi się 7. kłócą się 8. nazywa się 9. spodziewacie się 10. cieszą się 11. żeni się 12. dziwię się
Exercise 3 1. Adam nie lubi bawić się sam. 2. Matka prowadzi małe dzieci do szkoły. 3. Ola i Marta płacą za kawę. 4. Maria nie lubi niegrzecznych chłopców. 5. Czy ty uczysz się polskiego? 6. Nauczyciel uśmiecha się do studentów. 7. Czy nie chodzicie do kościoła? 8. Antek cieszy się, bo jutro się żeni. 9. On nigdy nie dzwoni do mnie. 10. Małe dzieci nie palą papierosów. 11. My się nigdy nie kłócimy. 12. Wujek martwi się, bo żona jest chora. 13. Teresa bawi się bez brata. 14. My często chodzimy na spacery.
Exercise 4 Agnieszki, Budzi się, Wstaje, łazienki, Goli się, ubiera, kuchni, Je, Uśmiecha się, żony, całuje, kochają, kłócą, się dziwią, ma, dwadzieścia
Exercise 5 mówi, żony, przesadzam, wyprowadzam, Maryśki, kieliszki, wina, kina

Unit 28

Exercise 1 1. Polakiem, słynnym lekarzem 2. Polką, sprytną sekretarką 3. Niemcem, bogatym biznesmenem 4. Angielką, biedną studentką 5. Francuzem, miłym kierowcą 6. Austriacką, młodą nauczycielką 7. Belgiem, złym dentystą 8. Amerykanem, głupim dyrektorem. 9. Hiszpanką, uprzejmą kelnerką 10. Włoską, dobrą gospodynią
Exercise 2 (a) 1. córką 2. bratem 3. żoną 4. mężem 5. synem 6. ojcem 7. matką 8. ciocią or ciotką 9. wujem or wujkiem 10. dziadkiem 11. babcią 12. wnukiem
(b) dziećmi, głupimi uczniami 2. rodzicami, bogatymi nauczycielami 3. córkami, dobrymi przyjaciółkami 4. braćmi, wesołymi przyjaciółmi 5. siostrami, zgrabnymi kobietami

Unit 29

Exercise 1 1. miotłą 2. lalką 3. samolotem 4. szmatką 5. długopisem 6. słownikami 7. pociągiem 8. zabawkami 9. sztuką 10. firmą 11. dzieckiem 12. piechotą
Exercise 2 Zimą, drogą, górami, lasami, śniegiem, lodem, wodą, piaskiem, samochodem, autobusem, taksówką. Wiosną, latem, rowerem, zielonymi liśćmi, krzakami, zieloną trawą, pięknymi drobnymi kwiatkami, chmurami

Unit 30

Exercise 1 1. z koleżanką 2. Pod Warszawą 3. przed jesienią 4. nad morzem 5. za granicą 6. przed obiadem 7. przed/za hotelem 8. między/ za drzewami

Exercise 2 1. gośćmi 2. domami 3. jeziorami 4. ławkami 5. ludźmi 6. Polakami 7. lekcjami 8. głowami 9. krzakami 10. braćmi

Exercise 3 1. przyjaciółką, nią 2. sąsiadkami, nimi 3. dziećmi, nimi 4. zadaniem, nim 5. złodziejami, nimi 6. przyjaciółmi, nimi 7. tobą 8. ze mną 9. wami 10. nimi 11. nami 12. nimi

Exercise 4 rudym Tomkiem, Łukaszem, Maćkiem, synem, ratuszem, Tadeuszem, sklepem, szkołą, piękną Jolą, ciasteczkami, lemoniadą, truskawkami, pieskiem

Unit 31

Exercise 1 1. chodzę, idę 2. jeżdżą, jadą 3. nosimy, niesiemy 4. wozi, wiezie 5. latam, lecę 6. chodzi, idzie 7. wożą, wiozą 8. niesie, nosi

Exercise 2 1. idziesz, chodzę 2. lata, jeździ 3. chodzą, jeżdżą 4. noszą, wozi 5. nosisz, noszę 6. jeździsz, jadę 7. latają, leci 8. wozi, jeździ 9. chodzicie, jedziemy 10. chodzi, idą

Unit 32

Exercise 1 (a) 1. kościele 2. banku 3. szkole 4. fabryce 5. muzeum 6. nocy 7. kiosku 8. sklepie 9. samochodzie 10. autobusie

(b) 1. rzece, morzu, jeziorze, wodzie 2. trawie, podwórku, ogrodzie, ulicy 3. śniadaniu, obiedzie, kolacji, wykładzie 4. mieście, lesie, górach, ulicach

Exercise 2 1. jest, telefonie 2. siedzi, stole 3. bawią się, chodniku 4. stoi, przystanku 5. leży, podłodze 6. są, wakacjach 7. siedzą, ławce 8. jeżdżą, sankach 9. siedzisz, biurku 10. płyną, morzach

Exercise 3 1. w 2. na, w 3. na 4. po 5. w, na 6. o 7. przy 8. na, na 9. o 10. w

Unit 33

Exercise 1 1. siedzi, małym 2. wiem, małych 3. siedzimy, małej 4. bawią się, małym 5. płynie, małej 6. leży, małym 7. pracują, małej 8. rozmawiają, małym 9. lata, małym 10. siedzą, małym 11. małych, jest 12. stoi, małej 13. zna się, małych 14. leżą, małym

Exercise 2   1. nim, niej 2. niej, nich 3. nich 4. niej 5. nim, niej 6. niej 7. mnie 8. nas 9. tobie 10. was
Exercise 3   (a) 1. wysokim 2. krótkiej 3. hiszpańskiej 4. ostatnim 5. tanim 6. drugim 7. trzecim 8. średnim
(b) 1. niskich 2. niebieskich 3. drogich 4. głupich 5. polskich 6. długich
Exercise 4   dużej, nowej, hali, stoi, kącie, cymbałkach, trójkącie, scenie, gra, flecie, klarnecie, gra, bębnie, pianinie, umie, czyta, wstają, klaskają

Unit 34

Exercise 1   ten, ci, ta, to, ten, te, ci, ta, te, ci, te, to, ten, ci, ta, te
Exercise 2   1. tymi panami 2. takie panie 3. które zabawki 4. tych ludzi 5. te koleżanki 6. tych sąsiadek 7. jakie soki 8. tym lekarzom
Exercise 3   1. tamta 2. tamte 3. tamten 4. tamten 5. tamte 6. tamtego 7. tamci 8. tamtym
Exercise 4   1i, 2e, 3f, 4k, 5l, 6a, 7b, 8j, 9c, 10g, 11d, 12h
Exercise 5   1. którym, tym 2. której, tej 3. którą, tamtą 4. której, tamtej 5. którym, tamtym 6. którego, tamtego 7. którym, tamtym 8. którym, tym 9. których, tamtych 10. którymi, tymi
Exercise 6   1. taką sukienkę 2. takim ludziom 3. takich dziewcząt 4. takimi dziećmi 5. takiego psa 6. takich rzeczach 7. takiego języka 8. takim samochodem 9. takich cukierni 10. takim dzieciom

Unit 35

Exercise 1   1. moje 2. nasze 3. wasz 4. twój 5. ich 6. twoi 7. ich 8. moja 9. wasi 10. jej 11. nasi 12. jego 13. ich 14. moje 15. jego 16. jej
Exercise 2   1. czyj 2. czyja 3. czyje 4. czyi 5. czyje 6. czyje 7. czyi 8. czyje 9. czyje 10. czyja 11. czyi 12. czyje 13. czyj 14. czyi 15. czyja
Exercise 3   1. nasz 2. wasze 3. wasi 4. twoja 5. twoim 6. naszych 7. twojej 8. naszą
Exercise 4   1. czyje 2. czyją 3. czyim 4. czyjego 5. czyimi 6. czyjego 7. czyich 8. czyją
Exercise 5   1. ich, swój 2. jego, swoje 3. jej, swoim 4. ich, swoje 5. jego, swoim 6. ich, swoją 7. jej, swoim 8. jego, swoich 9. jej, swojej
Exercise 6   swojego, moje, mój, moje, swój, swój, swoje, swoim, swoim, swoim, swoim, swoich, swojej, swojego, swojej, swojego, Moi, moim, moje, moje, moją, mojej, swoją

Exercise 1 1. każdy, w każdym parku, we wszystkich parkach 2. każda, na każdej stacji, na wszystkich stacjach 3. każdy, przed każdym sklepem, przed wszystkimi sklepami 4. każde, pod każdym krzesłem, pod wszystkimi krzesłami 5. każdy, do każdego kolegi, do wszystkich kolegów 6. każdy, u każdego sąsiada, u wszystkich sąsiadów 7. każdy, dla każdego brata, dla wszystkich bracia 8. każde, od każdego dziecka, od wszystkich dzieci 9. każde, na każdym drzewie, na wszystkich drzewach

Exercise 2 1. Każda ulica jest pokryta . . . 2. . . . każdemu synowi. . . . 3. . . . każdej studentce nagrodę 4. . . . z każdą sąsiadką 5. . . . każde drzewo . . . 6. W każdym ogrodzie . . .

Exercise 3 W każdym dużym mieście. . . . Od każdego dworca . . . W każdym pociągu . . . W każdym przedziale. . . . Każdy pan czyta gazetę. Każda pani ogląda czasopismo. Każde dziecko patrzy . . . każdego przedziału . . . każdego pana . . . każdej pani . . . każdym dzieckiem . . . każdy bilet, . . . każdemu pasażerowi . . .

Exercise 4 1. Znam ich wszystkich. 2. Odwiedzamy je wszystkie. 3. Lubię je wszystkie. 4. Kochamy ich wszystkich. 5. Śpiewam je wszystkie. 6. Fotografujemy je wszystkie.

Unit 37

Exercise 1 siódma pięćdziesiąt pięć, jedenasta dziesięć, ósma czterdzieści, trzynasta osiem, siedemnasta dwanaście, dwudziesta dziewiętnaście

Exercise 2 pięć do ósmej, dziesięć po jedenastej, dwadzieścia do dziewiątej, osiem po trzynastej, dwanaście po siedemnastej, dziewiętnaście po dwudziestej

Exercise 3 kwadrans po czwartej, kwadrans do drugiej, wpół do trzeciej, kwadrans po siódmej, wpół do jedenastej, kwadrans do dziewiątej

Exercise 4 1. o drugiej 2. o wpół do czwartej 3. o wpół do szóstej 4. o wpół do pierwszej 5. o piątej 6. o czwartej 7. o dwunastej 8. o wpół do siódmej

Exercise 5 1. szesnasta dwadzieścia 2. dwudziesta pierwsza czterdzieści pięć 3. dwudziesta druga pięćdziesiąt 4. dwudziesta trzy 5. czternasta trzydzieści 6. siedemnasta piętnaście 7. dwudziesta trzydzieści 8. siedemnasta pięćdziesiąt sześć

Exercise 6 1. około czwartej 2. od siódmej rano do trzeciej popołudniu 3. około wpół do pierwszej 4. o dwunastej dokładnie 5. przed dziewiątą 6. między piątą a szóstą 7. po drugiej 8. na jedenastą 9. za dziesięć minut 10. na kwadrans [na piętnaście minut]

Unit 38

Exercise 1 (a) byłaś, byłam, byłeś, byłem, byłaś, byłam, byłeś, byłem, było
(b) byłyście, byłyśmy, byliście, byliśmy, byłyście, byłyśmy, byliście, byliśmy
(c) będziesz, będę, będziesz, będę, będziesz, będę, będziesz, będę, byłem, będę
(d) będziecie, będziemy, będziecie, będziemy, będziecie, będziecie, będziemy
Exercise 2 1. Ona była w bibliotece. 2. On będzie na meczu 3. Tomek i Ola byli tam. 4. Nie, on był u kolegi. 5. Basia i Wanda były tam. 6. Nie, ona będzie u babci. 7. On był w klubie jazzowym z Olą. 8. Nie, ona będzie tam z Tomkiem. 9. Tomek i Ola byli tam. 10. Basia i Wanda będą tam.
Exercise 3 1. Oni pracują na poczcie. 2. Ono ma osiem lat. 3. Ono ma psa. 4. Nie, ona mieszka w Warszawie. 5. On ma cztery rzeczy dla rodziny. 6. Ona pracuje cztery godziny. 7. Ona zaczyna pracę o wpół do siódmej. 8. On ma jednego brata. 9. Nie, ona ma dwóch synów.

Unit 39

Exercise 1 1. Kupujemy je w domu towarowym w piątek popołudnie. 2. Słuchamy jej w piątek wieczór. 3. Zwiedzamy je w poniedziałek popołudnie. 4. Nie, oglądamy go we środę. 5. Tak, jemy w restauracji polskiej we środę popołudnie. 6. Tak, będziemy tam w niedzielę rano. 7. Idziemy do ogrodu botanicznego. 8. Pływamy. Gramy w piłkę nożną. Bawimy się w hotelu. 9. Pamiętamy o ciepłej odzieży i o dobrych butach. 10. Kosztuje dziesięć złotych.
Exercise 2 (other word order is possible) 1. Co rok wszyscy robotnicy dostają podwyżkę. 2. Co dwie minuty telefon dzwoni u nas w domu. 3. Co wieczór Marysia pracuje w nowej kawiarni. 4. Codziennie kupujemy mleko i bułki w sklepie. 5. Co minuta nasza sąsiadka patrzy przez okno. 6. Co tydzień Paweł chodzi do klubu polskiego po lekcjach. 7. Co parę lat moja siostra zmienia pracę. 8. Co miesiąc rodzice jeżdżą samochodem do Krakowa. 9. Czy chodzicie na zabawę co sobota? 10. Co zima jest bardzo dużo śniegu w Polsce.
Exercise 3 1. całą noc 2. cały miesiąc 3. cały dzień 4. całą niedzielę 5. cały wieczór 6. cały luty 7. całą godzinę 8. całe lato 9. cały czas 10. cały tydzień 11. cały styczeń 12. cały rok
Exercise 4 1. W maju są czasem błyskawice. Leje deszcz i biją pioruny. Ale bywają też ciepłe i słoneczne dni. 2. W lipcu mamy lato. W lecie słońce świeci cały dzień. Jest gorąco i nie ma chmur na niebie. 3. Styczeń to jeszcze zima. W styczniu pada śnieg i jest bardzo zimno. 4. W lutym mamy wstrętną pogodę. Czasem jest mróz a czasem deszcz z śniegiem.

Na śliskich drogach bywają wypadki samochodowe. 5. Kwiecień to wiosna – początek ciepłych dni w Polsce. Są już pierwsze kwiatki w ogrodach. Rano i wieczorem śpiewają ptaki w drzewach. 6. Na jesieni pogoda jest już dosyć chłodna. Wieje wiatr i czasem jest mgła. Liście zmieniają kolor i padają z drzew.

Exercise 5   (other word order is possible) 1. Dwa miesiące temu byłam w Polsce. 2. Antek był u nas pięć lat temu. 3. Trzy dni temu byliśmy na wycieczce. 4. Czy byłyście w Krakowie tydzień temu? 5. Dawno temu nie było ani komputerów, ani telefonów. 6. Jak dawno temu byłeś w Anglii? 7. Gdzie była Marta godzina temu?

Unit 40

Exercise 1   1. górach, góry 2. imieniny, imieninach 3. sankach, sanki 4. spacery, spacerach 5. wycieczce, wycieczkę 6. drzewach, drzewa 7. lekcje, lekcjach

Exercise 2   1. leży, krzakiem 2. ucieka, krzak 3. chowają się, płot 4. płotem, były 5. morzem, będą 6. jedzie, morze 7. studentami, byli 8. siada, studentów 9. jadę, miasto 10. miastem, będzie

Exercise 3   1. stoją, stole, stawia, stół 2. będziesz, studiach, jedziesz, studia 3. pracuje, poczcie, idziecie, pocztę 4. będę, urlopie, jadę, urlop 5. leżą, półce, kładzie, półkę 6. idą, spacer, byliśmy, spacerze 7. siedzi, kanapie, siadają, kanapę 8. mieszka, Węgrzech, jedziemy, Węgry

Glossary of technical terms

adjective	a word which describes a noun – *big, red, happy*. Also words like *my, your, this, whose, each*.
adverb	a word which tells us how, when or where an action occurred – *quietly, fast, yesterday, upstairs*.
article	*a, the, some, any*. Polish has no articles. For emphasis, *some* can be paraphrased as *a few* and a negative *any* as *none at all*.
case	the function performed by a noun or pronoun in a sentence. Polish has no articles, so case **endings** are attached to a noun/pronoun to clarify the relationship between words. Polish has seven cases.
conjugation	a group of verbs which behave similarly.
conjunction	simple conjunctions join related words or ideas – *and, but, or*. Subordinating conjunctions introduce noun or adverbial clauses – *when, if, that*.
declension	a group of nouns or adjectives which take the same case endings.
ending	one or more syllables attached to the stem of a noun, adjective or pronoun. The ending tells us the **case** of the word.
gender	every noun has a masculine, feminine or neuter gender. Non-person nouns exist in all three genders. Gender is usually decided by a noun's ending.
imperfective	imperfective verbs express habitual, repeated or incomplete actions. Their tenses are often continuous – *I am sitting, was looking, always go*.
infinitive	in English, a verb preceded by 'to' – *to sing, to think*. In Polish verbs the idea of 'to' is held in the verb itself – *kup<u>owa</u>ć* (to buy), *lub<u>ić</u>* (to like), *je<u>ść</u>* (to eat).
noun	the name of a person, place, animal, object, idea, state of being – *boy, Mary, house, Warsaw, cat, peace, winter, existence*.

object	the word(s) affected by the action of the verb. The direct object answers the question 'What?' – *I bought a drink*. The indirect object answers the question 'To /For whom?' – *I bought a drink for Mary*. *I gave the drink to her*.
perfective	perfective verbs express single, completed or future actions. Their tenses are often simple – *I sat, looked, went, will go*.
preposition	a word which shows the relationship between two nouns/ pronouns – *in, beside, after*; *I sit beside Peter*. *Let's go after lunch*. A word standing after a Polish preposition is followed by a specific **case**.
pronoun	a word which replaces a noun – *mother: she*; *to John: to him*.
stem	the part of a word to which endings are attached – *drog-i, ładn-ego*.
subject	whatever performs the action of the verb – *my mother sang*; *we live here*. Can be abstract – *silence reigned*.
tense	the tense of a verb tells us the time of the action, present, past or future. Polish does not use the verbs *be* and *have* to make different tenses, as English does – *am going, have been*. To compensate, most verbs have two forms, **imperfective** and **perfective** – *kupować, kupić*.
verb	the *doing, thinking, feeling, being* word in a sentence – *eat, like, wonder, exist, belong, grow*.

Polish–English vocabulary

Excluded are numbers, days and months (Units 17–19, 38, 39) and reflexive verbs (Unit 27) whose meaning is clear from the non-reflexive form. Male/female noun equivalents are combined. Adjectives are in masculine singular form. (f.) = feminine; preposition case is shown, e.g. [loc.].

a	and *meaning*	belgijski	Belgian
	but	bez [gen.]	without
adres	address	bęben	drum
aktor(ka)	actor	biały	white
akurat	right now	biblioteka	library
albo . . . , albo	either . . . or	bić	hit
albo/lub	or	biedny	poor
ale	but	bielizna	underwear/
aleja	wide street		whites
Ameryka	America	bilet	ticket
Amerykanin	American	biznesmen	businessman
angielski	English	blisko [gen.]	near, nearby
Anglia	England	blok	block of flats
Anglik/	English person	bluzka	blouse
Angielka		błyskawica	lightning
ani . . . , ani	neither . . . nor	bo	because
artysta	artist	bochenek	loaf
autobus	bus	bogaty	rich
babcia	grandmother	botaniczny	botanical
bać się	be afraid	Boże	Christmas
banan	banana	Narodzenie	
bardzo	very	Bóg	God
basen	swimming	ból	pain
	pool	brak	shortage
bawić się	play	brakować	lack
Belgia	Belgium	brat	brother

broda	beard	ciemny [adj.]	dark
bronić	protect	cień	shadow
brytyjski	British	ciepły	warm
brzeg	edge	cierpliwy	patient
brzuch	stomach	cieszyć się	enjoy
brzydki	ugly	ciocia/ciotka	aunt
budować	build	cmentarz	cemetery
budynek	building	co	what, every
budzić	wake	co podać?	Yes, please?
bukiet	bouquet	codziennie	daily
bułka	bread roll	[adv.]	
burza	storm	coś	something
but	shoe	córka	daughter
butelka	bottle (small)	cudowny	magnificent
być	be	cukier	sugar
były	former	cukierek	boiled sweet
bywać	occur	cukiernia	confectioner's
całować	kiss	czajnik	kettle
cały	whole	czarny	black
cebula	onion	czas	time
cena	price	czasem	sometimes
centralny	central	czasopismo	magazine
chętnie	gladly	Czechy [pl.]	Czechoslovakia
Chińczyk	Chinaman	czekać	wait
chleb	bread	czekolad(k)a	chocolate
chłop	peasant	czerwony	red
chłopiec	boy	często	often
chmura	cloud	część (f.)	part
chodzić	walk, go	człowiek	person
chorągiew (f.)	flag	czuć	feel, smell
chorować	be ill	czyj	whose
chory	ill	czynny	open
chować	hide	czytać	read
chronić	guard	ćwierć	quarter
chudy	thin	dach	roof
chwalić	praise	daleki	distant
chwila	moment	daleko [gen.]	far from
ciasno [adv.]	crowded	data	date
ciast(k)o	cake	dawać	give
ciągle	constantly	dawno	long ago
cichy	quiet	dentysta	dentist
ciekawy	curious	deszcz	rain
cielę	calf	deszczowy	rainy
ciemno [adv.]	dark	dla [gen.]	for

dlaczego	why	dżem	jam
dłoń	palm of hand	dżinsy [pl.]	jeans
długi	long	egzamin	exam
długopis	ballpoint pen	ekspresowy	express [train]
do [gen.]	to, towards, into	fabryka	factory
		farba	paint
doba	24 hours	figa	fig
dobry	good	filiżanka	cup
dodawać	add to	firanka	curtain
dokoła	around	firma	firm
dokuczać	annoy	flaszka	bottle (big)
dom	house	flet	flute
dom towarowy	dept. store	fotografować	photograph
		Francja	France
dostawać	receive	francuski	French
dość, dosyć	enough	Francuz(ka)	French person
drobny	tiny	fryzjer	hairdresser
droga	road	funt	pound
drogi	expensive, beloved	gałąź (f.)	branch
		gazeta	newspaper
drogo [adv.]	much (cost)	gdzie	where
drogowskaz	road sign	gimnazjum	high school
dróżka	path	gitara	guitar
drzewo	tree	gitarzysta	guitarist
drzwi [pl.]	door	głodny	hungry
duma	pride	głos	voice
dużo	a lot of	głowa	head
duży	big	główny	main, central
dworzec	station	głupi	stupid
dyrektor	director	gniazdo	nest
dzban(ek)	jug	godzina	hour
dziadek	grandfather	golić	shave
działać	act, work	gołąb	pigeon
działka	allotment	gospodyni	landlady
dziecko	child	gość	guest
dzień	day	gotować	cook
dziewczę	girl	gotowy	ready
dziewczyn(k)a	girl	góra	hill
dzięki [dat.]	thanks to	góral	highlander
dziękować	thank	grać	play
dzisiaj/dziś	today	gramatyka	grammar
dziura	hole	granica	border
dziwić się	be amazed	grecki	Greek
dzwonić	ring	grosz	penny

gruby	fat	już	already
gruszka	pear	kaczka	duck
grypa	'flu	kaleka	cripple
grzeczny	polite	kamień	stone
grzyb	mushroom	kanapa	settee
gwiazda	star	kanapka	sandwich
gwóźdź	nail	kapelusz	hat
hala koncertowa	concert hall	kapusta	cabbage
		karty [pl.]	cards
hala sportowa	leisure centre	kawa	coffee
hałas	noise	kawałek	piece
herbata	tea	kawiarnia	café
Hiszpan(ka)	Spaniard	każdy	each, every
hiszpański	Spanish	kąt	corner
i	and	kelner(ka)	waiter
i . . . , i	both . . . and	kiedy	when
ich	their	kielich/kieliszek	wine glass
ilość	amount	kiełbasa	sausage
ilu, ile	how many	kierować	drive, direct
imieniny	name day	kierowca	driver
imię	name	kilku, kilka	several
informować	inform	kino	cinema
inteligentny	clever	klarnet	clarinet
interesować się	be interested	klaskać	clap
inżynier	engineer	klawiatura	keyboard
iść	go	klub	club
jabłko	apple	klucz	key
jabłoń (f.)	apple tree	kłaniać się	bow
jagnię	lamb	kłaść	lay down
jagoda	berry	kłopot	problem
jaj(k)o	egg	kłócić się	argue
jak	how	kobieta	woman
jaki	what like	koc	blanket
japoński	Japanese	kochać	love
jechać	travel	kochany	beloved
jedzenie	food	kod pocztowy	post code
jego	his, its	kogut	cockerel
jej	her	kolacja	supper
jeść	eat	kolęda	carol
jesień	autumn	kolega/ koleżanka	friend
jezioro	lake		
jeździć	travel	kolej	railway
język	language	kolejka	queue
jutro	tomorrow	kołdra	duvet

kołnierz	collar	lecieć	fly
koło [gen.]	near	lek	medication
koncert	concert	lekarz/lekarka	doctor
koniec	end	lekcja	lesson
konieczny	mandatory	lemoniada	lemonade
koń	horse	leniwy	lazy
kończyć	end	lepszy	better
korytarz	corridor	leżeć	lie
kostka	cube	liceum	secondary
kosz(yk)	basket		school
kosztować	cost, taste	liczyć	count
kość (f.)	bone	linijka	ruler
kościół	church	list	letter
kot	cat	listonosz	postman
kraj	country	liść	leaf
krawat	tie	litr	litre
kredka	coloured pencil	lodówka	fridge
krem	cream	lody [pl.]	ice cream
kromka	slice (bread)	lód	ice
król	king	lubić	like
królik	rabbit	ludzie [pl.]	people
krótki	short	łabędź	swan
krzak	bush	ładny	nice
krzesło	chair	ławka	bench
krzyczeć	shout	łazienka	bathroom
ksiądz	priest	łąka	meadow
książę	prince	łódź (f.),	boat
książka	book	łódka	
księgarnia	bookshop	łóżko	bed
kto	who	łyżka	spoon
który	which	łza	tear
ku [dat.]	towards	machać	wave
kubek	mug	magnetowid	video recorder
kuchnia	kitchen	majtki [pl.]	knickers
kupować	buy	malarz	painter
kurczę	chick	malować	paint
kwadrans	quarter	mało	little/few
kwiaciarnia	florist's	mały	small
kwiat(ek)	flower	marny	meagre
lać	pour	marsz	hike
lalka	doll	martwić	worry
las	forest	masło	butter
latać	fly	matka	mother
lato	summer	mądry	clever

mąka	flour	na razie	right now
mąż	husband	nad [instr.]	above, on
meble [pl.]	furniture		bank of
mecz	match [game]	nadal	still
mężczyzna	man	nadawać	send (letter),
mgła	fog		broadcast
miasto	town	nadawać się	be suitable
mieć	have	nadchodzić	approach
miejsce	place		[time]
miesiąc	month	nadzieja	hope
mieszkanie	flat	nagroda	prize
mieszkaniec	inhabitant	napełniać	fill
między	among,	napój	drink
	between	naprzeciw[ko]	opposite
mięso	meat	[gen.]	
miłość (f.)	love	narodowy	national
miły	pleasant	narzekać	complain
mimo [gen.]	despite	narzędzie	tool
minuta	minute	następny	next
miotła	brush	nasz	our
miód	honey	nauczyciel(ka)	teacher
miska	dish	nawet	even
mleko	milk	nazwisko	surname
młody	young	nic	nothing
młodzieniec	a youth	nić (f.)	thread
młodzież	young people	nie	not
młotek	hammer	niebezpieczny	unsafe
morze	sea	niebieski	blue
może	perhaps	niebo	sky
móc	be able	niedaleko	near
mój	my	[gen.]	
mówić	speak/say	niedźwiedź	bear
mróz	frost	niegrzeczny	impolite
Msza Święta	Mass	Niemcy [pl.]	Germany
muzyka	music	Niemiec	a German
myć	wash	niemiecki	German
mydło	soap	niemowlę	baby
mylić się	be wrong	nienawidzić	hate
myśl (f.)	thought	niespodzianka	surprise
myśleć	think	nieszczęśliwy	unhappy
mysz (f.)	mouse	nieść	carry
na [acc.]	for	nikt	no one
na [loc.]	on, at, in	niski	short, low
	[open area]	no	well

noc (f.)	night	opowieść (f.)	story
noga	leg	opóźniony	late
Norweg	a Norwegian	(o)prócz [gen.]	except
norweski	Norwegian	oraz	and [at same
nos	nose		time]
nosić	carry, wear	organy [pl.]	organ
nowy	new	osoba	person
nóż	knife	osobowy	passenger
nudny	boring		[train]
nudzić	bore	ostatni	last
numer	number	ostatnio	recently
nuta	note	otaczać	surround
o [acc.]	for	otrzymywać	get
o [loc.]	about, at [time]	otwarty	open
obiad	lunch	otwierać	open
obiecywać	promise	owca	ewe
obok [gen.]	beside, next to	owoc	fruit
obraz(ek)	picture	pacjent	a patient
obsługiwać	serve, wait on	paczka	packet, parcel
oczekiwać	expect	padać	fall
od [gen.]	from	pakować	pack
odchodzić	depart	palec	finger
oddawać	give back	palić	smoke, burn
odpoczynek	rest	pałac	palace
odpowiadać	reply	pamięć (f.)	memory
odwiedzać	visit (person)	pamiętać	remember
odzież	clothes	pan	gentleman
ogień	fire	pani	lady
ogórek	cucumber	panna	unmarried
ogradzać	enclose		lady
ogrodnik	gardener	państwo	Mr and Mrs
ogromny	huge	papier	paper
ogród	garden	papieros	cigarette
ogrzewanie	heating	para	pair
ojciec	father	parasol(ka)	umbrella
ojczyzna	fatherland	parking	car park
okno	window	paru, parę	a few
oko [pl. oczy]	eye	pasażer	passenger
okolice [pl.]	surroundings	paszport	passport
okręt	ship	patrzyć	look
okulary [pl.]	spectacles	patyk	stick
ołówek	pencil	pełny	full
opiekować się	look after	pewny	sure, certain
opowiadać	tell story	pękać	burst

pianino	piano	podczas [gen.]	during
pianista	pianist	podłoga	floor
pić	drink	podróż (f.)	journey
piechotą	on foot	podróżować	journey
pielęgniarka	nurse	podskakiwać	jump, rise
pieniądz	coin (pl. =		(prices)
	money)	podstawówka	junior school
pieróg	stuffed	podwórko	yard
	dumpling	podwyżka	rise
pierwszy	first	poeta	poet
pies	dog	pogoda	weather
piesek	little dog	pojutrze	day after
pieśń (f.)	song		tomorrow
pięciolinia	stave	pokazywać	show
pięknie	nicely	pokój	room
piękny	lovely	pokrywać	cover
piętro	storey	Polak/Polka	Pole
pilnować	look after	pole	field
piłka nożna	football	poleczony	registered
pioruny [pl.]	thunder	policjant	policeman
piosenka	song	Polska	Poland
pióro	pen, feather	polski	Polish
pisać	write	południe	noon
pisklę	chick	pomagać	help
piwo	beer	pomarańcza	orange
plaża	beech	pomidor	tomato
płacić	pay	pomoc (f.)	help
płaszcz	coat	pomysł	idea
płot	fence	pończocha	stocking
płynąć	sail	porzeczka	currant
płyta	CD	posługiwać się	make use of
kompaktowa		pospieszny	fast [train]
pływać	swim	potem	afterwards
po [acc.]	for	potrzebować	need
po [loc.]	along, after	[gen.]	
	[time], in	powietrze	air
	[language]	pożyczać	lend
pociąg	train	pół	half
początek	start	półka	shelf
pod [instr.]	below, near	północ	midnight
podawać	hand, serve	późno [adv.]	late
	(food)	praca	work
podchodzić	approach	pracować	work
	[space]	pracowity	hardworking

221

pracownik	worker
prezent	present
prosić	ask
prosię	piglet
proszek	powder
prowadzić	lead
próbować	try, taste
przeciw(ko) [dat.]	against
przed	in front of, earlier
przedwczoraj	day before yesterday
przedział	compartment
przepraszać	apologise
przez [acc.]	through
przy [loc.]	near, while doing . . .
przychodzić	come
przyjaciel/ przyjaciółka	friend
przyjaźń (f.)	friendship
przyjęcie	party
przykrywać	cover
przystanek	bus stop
przystojny	handsome
przyszły	next
ptak	bird
pudełko	box
puszka	tin
pyszny	tasty
pytać	ask
pytanie	question
rachunek	bill
radość	joy
radzić	advise
ramię	arm
ratusz	town hall
raz	time
razem	together
recepta	prescription
rezerwować	reserve
ręka [pl. ręce]	hand
rękawiczka	glove

robić	make, do
robotnik	worker
rodzice [pl.]	parents
rodzina	family
rok [pl. lata]	year
Rosjanin	a Russian
rosyjski	Russian
rower	bicycle
rozdawać	distribute
rozmawiać	speak
rozumieć	understand
róg	corner
róża	rose
różowy	pink
rudy	red-haired
ryba	fish
rynek	market place
rysować	draw
rzadko	rarely
rzecz (f.)	thing
rzeka	river
Rzym	Rome
sala	room
sałata	lettuce
sam	alone
samochód	car
samolot	aeroplane
sanki [pl.]	sleigh
sąsiad(ka)	neighbour
scena	stage (theatre)
schody [pl.]	stairs
ser	cheese
serce	heart
siadać	sit down
siano	straw
siedzieć	sit
się	myself, yourself, etc.
silny	strong
siostra	sister
siostrzeniec	cousin
siwy	grey-haired
skarpet(k)a	sock
sklep	shop

sklepikarz/ sklepikarka	shopkeeper	Sto lat	Happy Birthday!
skrzynia	crate	stół/stolik	table
skrzypce [pl.]	violin	straszyć	frighten
skrzypek	violinist	strona	side (road), page
słodki	sweet		
słoik	jar	studia [pl.]	studies
słońce	sun	studiować	study
słoneczny	sunny	suknia/ sukienka	dress
słownik	dictionary		
słowo	word	suszyć	dry
słuchać [gen.]	listen	swój	my, your (own), etc.
słuchacz	listener		
służyć	serve	syn	son
słynny	famous	sypialnia	bedroom
słyszeć	hear	szafa	cupboard
smaczny	tasty	szanować	respect
smutny	sad	szary	grey
sok	juice	szczęście	fortune
sosna	pine tree	szczęśliwy	happy
sól	salt	szczotka	brush
spacer	walk	szeroki	wide
spacerować	walk	Szerokiej drogi	Safe Journey!
specjalista	specialist	szklanka	glass
spędzać	spend [time]	Szkocja	Scotland
spodnie [pl.]	trousers	szkocki	Scottish
spodziewać się	expect	szkoła	school
spokój	peace	Szkot(ka)	Scot
sporo	quite a lot of	sznurek	string
spóźnienie	lateness	szpital	hospital
sprawdzać	check	sztuka	play (theatre)
sprytny	clever	szukać [gen.]	look for
sprzeczać się	disagree	Szwed(ka)	Swede
sprzedawać	sell	szybki	fast
sprzedawca	seller	szynka	ham
sprzęt	equipment	śliczny	beautiful
stać	stand	śliski	slippery
stacja	station	ślub	marriage
stary	old	śmiać się	laugh
statek	steamer	śniadanie	breakfast
stawać	halt	śnieg	snow
stawiać	put in standing position	śpiewać	sing
		średni	medium
		świat	world

światło	light	twarz (f.)	face
świecić	shine	twój	your [sing.]
świeży	fresh	tydzień	week
święto	celebration	tylko	only
święty	holy	tylu, tyle	so many
taki	such	tysiąc	thousand
taksówka	taxi	u [gen.]	at house, shop
talerz	plate		etc. of
tam	there	ubierać	dress
tamten/ta/to	that	ubogi	very poor
tani	cheap	ucho	ear
tańczyć	dance	uciekać	flee
tata/tatuś	Daddy	uczeń	pupil
teatr	theatre	uczyć	teach
telefon	telephone	uczyć się	learn
telefonować	(vb) telephone	ufać	trust
telewizja	television	ulica	street
telewizor	television set	umawiać się	make a date
temu	ago	umieć	know how
ten/ta/to	this	urlop	holiday
teraz	now	uroda	beauty
też	also	urodziny	birthday
tęcza	rainbow	uśmiechać się	smile at
tęsknić	pine for, miss	utrzymywać	maintain
tłumacz	translator	używać [gen.]	use
tłumaczyć	translate,	w [loc.]	in, dressed in
	explain	w ciągu [gen.]	in the course
to	this		of
toaleta	toilet	w pobliżu [gen.]	near
torba	bag	wakacje [pl.]	holidays
towar	goods	warszawski	of Warsaw
tramwaj	tram	wasz	your [pl.]
trawa	grass	wazon	vase
trębacz	trumpeter	ważyć	weigh
trochę	a little	wąski	narrow
trójkąt	triangle	wątpić	doubt
trudny	difficult	wbrew [dat.]	contrary to
truskawka	strawberry	wchodzić	enter
trzeci	third	wcześnie [adv.]	early
trzymać	hold	według [gen.]	according to
tu/tutaj	here	wesoły	cheerful
tubka	tube	węgiel	coal
tulipan	tulip	Węgry	Hungary
turysta	tourist	wiać	blow

wiadro	pail	wychowywać	bring up (child)
wiatr	wind		
widok	view	wycieczka	excursion
wiedzieć	know a fact	wycierać	wipe
wiek	age	wygodny	comfortable
wielu, wiele	many	wyjazd	departure
wierzyć	believe	wykład	lecture
wieś/wioska	village	wykonywać	perform a function
wieźć	transport		
wieża	tower	wykształcenie	education
więc	therefore	wypadek	accident
więzień	prisoner	wysoki	tall
wino	wine	wysyłać	send
wiosna	spring	wzdłuż [gen.]	along length of
witać	greet	z [instr.]	with
Włoch/Włoska	Italian	z(e) [gen.]	out of, from
Włochy	Italy	z powodu [gen.]	due to
włoski	Italian		
włosy	hair	za	too (e.g. too much)
wnuk/wnuczka	grandchild		
woda	water	za [instr.]	behind, beyond
wojna	war		
wojsko	army	zabawa	dance, game
wolny	free	zabawka	toy
wozić	transport	zabierać	take from
wóz	truck, car	zabytek	monument
wpół do	half past [time]	zaczynać	start
		zadanie	exercise (academic)
wracać	return		
wręczać	hand, present	zadowolony	satisfied
wróg	enemy	zajęcie	exercise
wstawać	get up	zajęty	busy
wstęp	entry	zajmować się	busy oneself with
wstrętny	awful		
wstyd	shame, shyness	zakupy [pl.]	shopping
wstydzić się	be shy	zamek	castle
wszędzie	everywhere	zamiast [gen.]	instead of
wszyscy, wszystkie	all	zamiatać	sweep
		zamieszkanie	residence
wszystko	everything	zamknięty	closed
wśród [gen.]	among	zamykać	close
wuj(ek)	uncle	zapałka	match
wybrzeże	coastline	zapominać	forget
wychodzić	go out	zapraszać	invite

225

zaraz	in a moment	znaczek	stamp
zasłaniać	cover, veil	znaczyć	mark, mean
zatrzymywać	stop	znać	know
zawód	occupation	znać się na	know a lot
zawsze	always		about
ząb	tooth	znajomość	acquaintance
zbierać	gather	znajomy	known
zbliżać się	approach	znany	known
zboże	grain	znowu	again
zdawać	sit (exam)	znudzony	bored
zdawać się	seem	zostawać	remain
zdjęcie	photo		(over)
zdrowie	health	zupa	soup
zdrowy	healthy	zwiedzać	visit (place)
zegar(ek)	clock/(watch)	zwierzę	animal
zeszły	last	zwyczajnie	usually
zeszyt	jotter	zwykle	usually
zgadzać się	agree	źrebię	foal
zgrabny	handsome	żaden	not one
zielony	green	żal	sorrow
zima	winter	żartować	joke
zimny	cold	że [conj.]	that
zimowy	for winter	żenić się	marry a wife
złodziej	thief	żołądź (f.)	acorn
złoto	gold	żołnierz	soldier
złoty (pl. złote)	Polish coin	żona	wife
złoty	golden	żółty	yellow
zły	bad, angry	żyć	live
zmęczony	tired	życie	life
zmieniać	change	życzyć	wish

Index